111 Hacks für das Campen mit dem Wohnmobil

Lothar Verhoeven

111 Hacks für das Campen mit dem Wohnmobil

Auflage 2020

INHALT

Einleitung

Liebe Leserinnen und Leser,

schön, dass Sie sich für dieses Buch entschieden haben.

Möglicherweise haben Sie sich bereits mit dem Gedanken auseinandergesetzt, wie Ihr nächster Urlaub aussehen könnte. Vielleicht waren Sie schon einmal mit dem Wohnmobil unterwegs und suchen nun nach neuen Inspirationen, Informationen oder Insidertipps. Oder steht Ihr nächster Urlaub kurz bevor und Sie möchten einmal etwas Neues ausprobieren? Dann haben Sie mit diesem Buch exakt die richtige Wahl getroffen!

Das Campen mit dem Wohnmobil wird zunehmend beliebter. Zahlreiche Menschen entscheiden sich ganz bewusst dafür, den eigenen Urlaub frei und ohne

Einschränkungen zu planen und auch so zu verbringen: Keine festen Check-in- und Check-out-Zeiten, kein Zeitdruck, wenn es um die täglichen Mahlzeiten geht, gleichzeitig aber maximale Flexibilität, pures Abenteuer und 100 Prozent Spaß in der freien Natur. Das Campen bietet zahlreiche Vorteile und ein facettenreiches Urlaubserlebnis. Insbesondere dann, wenn Sie Ihren geliebten Vierbeiner mit auf Reisen nehmen möchten, empfiehlt sich der Urlaub mit dem Wohnmobil. Die Fellnase ist ein festes Familienmitglied und somit ist es nur allzu nachvollziehbar, dass man sich im Urlaub nicht einfach vom Hund trennen möchte. Gerade an freien Tagen hat man ausreichend Zeit und Ruhe zum gemeinsamen Spielen und Toben!

Wenn Sie die Spontanität lieben und gern viele Orte nacheinander bereisen möchten, dann ist ein Campingurlaub genau das Richtige für Sie und die perfekte Alternative zur klassischen Pauschalreise. Auch für Kinder ist beim Campingurlaub immer maximaler Spaß geboten!

Dieser Ratgeber möchte Ihnen zahlreiche Fakten, Vorteile und Ratschläge zum Thema „Campen mit dem Wohnmobil“ mit auf den Weg geben.

Sie haben die Möglichkeit, sich umfassend zu informieren, und vielleicht entdecken Sie schon während des Lesens, dass diese Art des Reisens genau das Richtige für Sie sein wird.

Wir haben auf den folgenden Seiten 111 Hacks für Sie zusammengestellt, die keine Fragen mehr offenlassen. Begeben Sie sich mit uns auf Entdeckungstour, wagen Sie neue Abenteuer und genießen Sie herrliche und unvergessliche Urlaubstage!

Viel Freude beim Lesen!

Was spricht eigentlich für Campen?

Ein Urlaub im Wohnmobil ist mit Sicherheit ein einzigartiges Abenteuer und Erlebnis – das ist unter leidenschaftlichen Campern absolut kein Geheimnis mehr. Doch warum ist das eigentlich so? Was macht diese Art des Urlaubs so unvergesslich und besonders?

Wir haben dieses Thema für Sie einmal genauer analysiert und im Folgenden die zehn Top-Gründe zusammengestellt, die für einen Campingurlaub sprechen!

Natürlich gibt es noch viele weitere positive Gründe und Vorteile, die für das Campen sprechen, doch das würde zum einen den Rahmen dieses Buches völlig sprengen und zum anderen sind sie von Camper zu Camper ganz unterschiedlich. Der größte Vorteil des Campens ist jedoch die absolute Freiheit, die diese Form des Urlaubs mit sich bringt. Als Camper hat man immer die Möglichkeit, seine freien Tage ganz nach den eigenen Wünschen, Vorlieben und Interessen zu gestalten. Sie können jeden Tag so verbringen, wie Sie das möchten – ohne festen Zeitplan und lästige Hotel-Etikette.

URLAUB MIT DEM WOHNMOBIL IST GÜNSTIGER ALS EINE PAUSCHALREISE!

Ein Campingurlaub mit dem Wohnmobil hat definitiv einiges zu bieten. So ist er beispielsweise eine sehr günstige Alternative zur klassischen Pauschal- oder Hotelreise.

Vor allem zu zweit, mit der Familie oder mit guten Freunden macht das Reisen mit dem Wohnmobil nämlich richtig Spaß! Und genau daraus ergibt sich noch ein weiterer Vorteil in puncto Kosten: Sämtliche Kosten für die Miete des Wohnmobils, für den Sprit und für den Campingplatz lassen sich gleichmäßig unter allen Mitreisenden aufteilen.

Viele Reisemobile bieten höchsten Komfort und

sogar bis zu sechs Plätze zum Schlafen. Bei einer durchschnittlichen Preisgestaltung für Benzin, Miete und Campingplatz liegen die Preise pro Nacht zwischen rund 30 und 50 Euro. Da kann kaum ein Hotel wirklich mithalten.

Wenn Sie zusammen mit Ihren Lieben den Urlaub on the road erleben und genießen wollen, sparen Sie sich zudem teure Auslandsflüge. Mit dem Wohnmobil startet der Urlaub sofort – direkt vor Ihrer Haustür!

Hack 1 – Sichern Sie sich rechtzeitig Frühbucherrabatte!

Die Preise für einen Campingurlaub können sehr unterschiedlich ausfallen und hängen unter anderem vom Buchungszeitraum ab. Je früher Sie Ihren Wohnmobilurlaub buchen, desto eher können Sie ein Schnäppchen ergattern. Sichern Sie sich also unbedingt einen Frühbucherrabatt!

Zwar locken viele Anbieter auch noch zum ganz späten Zeitpunkt mit besonderen Angeboten – sogenannten Last-minute-Angeboten –, doch Frühbucherrabatte sind für die meisten Wohnmobilreisenden wesentlich attraktiver. Bei diesen gibt es nämlich noch einen sehr großen Spielraum, was die Wahl des Reiseziels und des Campingplatzes sowie die Urlaubsdauer und vor allem das Wohnmobilmodell anbelangt.

Hack 2 – Buchen Sie längere Reisen!

Längere Reisen mit dem Wohnmobil zahlen sich auf jeden Fall aus. Das ist sozusagen eine der „goldenen Camping-Regeln": Reisen Sie so lange wie möglich!

Wer nur einen oder zwei Campingurlaube jährlich bucht, wird unter dem Strich mehr zahlen als jemand, der dieselbe Anzahl an Urlaubstagen an einem Stück antritt. Es lohnt sich also durchaus, den Chef nach einem längeren, zusammenhängenden Urlaub zu fragen, denn dadurch können Sie viel sparen!

Hack 3 – Weichen Sie auf die Nebensaison aus!

Auch mit diesem Hack können Sie ordentlich sparen, denn in der Nebensaison winken Niedrigpreise für Wohnmobilurlaube. Dann können Sie sich sogar satte Rabatte bis zu 50 Prozent sichern. Wenn es Ihre individuelle Urlaubsplanung also zulässt, sollten Sie außerhalb der Hauptsaison buchen.

Der Besuch von besonderen Sehenswürdigkeiten, Nationalparks & Co. ist ohnehin deutlich entspannter und gewinnbringender, wenn diese Orte nicht von Reisenden völlig überlaufen sind.

Ein zusätzliches Plus ist in diesem Zusammenhang, dass Sie ebenfalls für den Campingplatz abseits der Hauptsaison weniger bezahlen müssen.

SIE SIND DER BOSS!

Getaktete Check-in- und Check-out-Zeiten, feste Uhrzeiten für die Mahlzeiten – solche Probleme kennt vermutlich jeder Hotelreisende!

Termindruck und Hektik bestimmen ohnehin zur Genüge den Alltag, daher möchte man im Urlaub einen entspannten Tagesablauf haben.

Wer ein preisgünstigeres Hotel außerhalb des Zentrums bucht, muss sich zudem nach Bus- oder Bahnfahrplänen richten. Ist die Unterkunft dann gebucht, muss man den Urlaub dort auch verbringen, denn ansonsten könnten hohe Stornogebühren in Rechnung gestellt werden.

Beim Campingurlaub ist das ganz anders, denn hier sind Sie der Boss! Hier schreibt Ihnen absolut niemand vor, wie lange Sie ausschlafen können, wann Sie zum Frühstück erscheinen sollen, welche Garderobe beim Abendessen angebracht ist oder Ähnliches.

Sie können ankommen und abfahren, wann es Ihnen zeitlich am besten passt. Auch auf Bahn und Bus können Sie als Camper getrost verzichten, denn in die Innenstadt können Sie direkt mit Ihrem Wohnmobil fahren und somit erkunden Sie Städte auch deutlich schneller als Hotelreisende.

KEINE SORGEN UMS GEPÄCK!

Wer im wohlverdienten Sommerurlaub verschiedene Reiseziele entdecken möchte, der kennt das ewige Leid mit dem Packen: Nach jedem Hotelaufenthalt müssen erneut die Koffer gepackt werden. Oftmals muss es außerdem noch richtig schnell gehen, denn schließlich muss man die Anschluss-Reiseverbindungen erreichen, um an das nächste Domizil zu kommen. Da kann man oft nur hoffen, dass man in der ganzen Hektik nichts beim Einpacken vergessen hat.

Mit Koffer, Rucksack und Tasche zwängt man sich dann ins Auto, in den Flieger oder in die Bahn und reist weiter. Nach echter Entspannung hört sich das tatsächlich nicht an.

Mit dem Wohnmobil haben Sie keinerlei Gepäcksorgen! Sie können sich in Ihrem Wohnmobil nämlich so richtig gut einrichten, ganz wie zu Hause.

Sie haben ausreichend Platz für Ihre Kleidung im Schrank und auch Snacks für zwischendurch können Sie ausgezeichnet in der Wohnmobilküche verstauen. Und bis zum Urlaubsende können Sie Ihre Koffer in die Heckgarage verbannen. Gibt es denn eine angenehmere Art des Reisens?

VERREISEN MIT DEM EIGENEN HUND – IM WOHNMOBIL KEIN PROBLEM!

Von diesem Problem kann wohl jeder Hundebesitzer ein Lied singen: Was soll nur mit dem eigenen Vierbeiner gemacht werden, wenn der große Familienurlaub bevorsteht? Beim klassischen Hotelurlaub können Sie Ihre geliebte Fellnase leider oft nur schwer mitnehmen. Die meisten Hotels erlauben keine Hunde im Hotelzimmer und lange Bus-, Bahn- oder Autofahrten bedeuten vor allem in den heißen Sommermonaten einen großen Stress für das Tier.

Im Wohnmobil geht es hingegen deutlich entspannter in den Urlaub.

Sehr viele Wohnmobilvermieter gestatten die Mitnahme des Vierbeiners und dasselbe gilt für die allermeisten Campingplätze. Zudem bietet das Wohnmobil deutlich mehr Platz im Vergleich zum herkömmlichen PKW. So hat Ihr Hund während der Fahrt seinen eigenen Rückzugsort und kann dort ausreichend entspannen und sich wohlfühlen: eben ganz wie daheim!

Hack 4 – Vor der Buchung nach hundefreundlichen Campingplätzen suchen!

Nur, weil die Mitnahme eines Hundes auf einen

Campingplatz erlaubt ist, heißt das noch nicht, dass der jeweilige Campingplatz tatsächlich hundefreundlich ist. So kann es beispielsweise sein, dass es überhaupt keine speziellen Angebote für Vierbeiner gibt.

Prüfen Sie solche Aspekte also im Vorfeld genau, überlegen Sie sich, was Ihnen persönlich wichtig ist, und überdenken Sie verschiedene Punkte, so beispielsweise:

- *Entstehen Zusatzkosten, wenn der Vierbeiner auf den Campingplatz oder im Wohnmobil mitgenommen wird?*
- *Gibt es ausreichend Möglichkeiten, um entspannt mit dem Hund Gassi zu gehen?*
- *Gibt es Spezialangebote für Hunde, wie etwa große Freilaufflächen, Hundetrainer, Agility-Parcours oder Hundeduschen?*
- *Gibt es Bademöglichkeiten für den Vierbeiner?*

IM CAMPINGURLAUB IST FÜR PERFEKTE KINDERUNTERHALTUNG GESORGT!

Der gemeinsame Familienurlaub ist für alle Familienmitglieder ein ganz besonderes Erlebnis – vor allem für die Kleinen!

Kinder lieben Spannung, Spaß, Abenteuer und Abwechslung. Lange Autofahrten oder Flüge sorgen hingegen schnell für Langeweile und schlechte Laune. Im Vergleich zum normalen Auto bietet das Reisemobil deutlich mehr Platz zum Schlafen und zum Spielen – sogar während der Fahrt! Ein Wohnmobil bietet Ihnen natürlich ebenfalls jede Menge Stauraum, sodass Sie viele spannende Spielsachen einfach mit in den Urlaub nehmen können. So sind die Kleinen gut beschäftigt und die Reise läuft entspannt ab.

Auf dem Campingplatz selbst gibt es dann ausreichend Platz und Möglichkeiten zum Toben und zum Erleben von Abenteuern.

Hack 5 – Holen Sie Informationen über Familiencampingplätze ein!

Informieren Sie sich vor der Abfahrt umfassend über das Reiseziel, also den Campingplatz. Gibt es dort einen großen Spielplatz für die Kleinen? Gibt es schöne Ausflugsziele in der näheren Umgebung?

Gibt es Waschmaschinen und Wickeltische für die ganz Kleinen? All das sind sehr wichtige Überlegungen, die im Vorfeld ausreichend Berücksichtigung finden sollten.

Denken Sie außerdem immer daran, während der Fahrt ausreichend und regelmäßig Pausen zu machen. Denn das ist insbesondere mit kleinen Kindern sehr wichtig!

Hack 6 – Sorgen Sie für Abwechslung!

Es ist wichtig, sich während der Reise zwischendurch immer wieder mal die Beine zu vertreten. Wenn Ihre Kleinen im Auto gut schlafen können, bieten sich ebenfalls Nachtfahren zum Reisen an.

Denken Sie daran, kleine, aber gesunde Snacks für unterwegs und vor allem ausreichend Getränke dabeizuhaben!

Kindern brauchen kleine Spiele, damit erst überhaupt keine Langeweile aufkommen kann. Ein Reisequiz macht Groß und Klein Spaß und auch Wortspiele oder Hörbücher sind ein abwechslungsreicher Zeitvertreib.

Am Reiseziel sollten Sie ebenfalls für ausreichend Abwechslung sorgen: Versteckspiele, Fang-, Wasser- und Ballspiele machen richtig Spaß – und das vor allem bei schönem Wetter. An Regentagen oder während der langen Fahrt können dann auch Hörbücher, Bücher oder Spiele, zum Beispiel auf dem Tablet, zum Einsatz kommen. Grundsätzlich gilt aber: Bewegung an der frischen Luft ist gesund und für die Kleinen äußerst wichtig. Solche Aktivitäten sind also immer zu bevorzugen!

Übrigens: Im Wohnmobil können die Kleinen auch während der Fahrt am Tisch in der Essgruppe basteln oder malen.

Hack 7 – Machen Sie Ihr Reisemobil kindersicher!

Insbesondere bei Säuglingen und Kleinkindern sollten Sie auf sichere Kindersitze oder geeignete Babyschalen achten. In den meisten Fällen brauchen Sie für die fachgerechte Sicherung einen sogenannten Dreipunktgurt.

Für längere Familienausflüge raten wir Ihnen, den Kinderwagen oder Buggy mitzunehmen.

Kindersicherheit sollte auch im Wohnmobil großgeschrieben werden: Küchengeräte, Glasflaschen, zerbrechliche Tassen und Gläser oder sonstige gefährliche Gegenstände sollten immer sicher und außer Reichweite von Kindern aufbewahrt werden.

Hack 8 – Vergessen Sie die Wechselkleidung nicht!

Nehmen Sie genügend saubere und trockene Wechselkleidung in den Campingurlaub mit, denn nicht auf jedem Campingplatz gibt es eine Waschmaschine. Denken Sie ebenfalls an Regenkleidung und dickere Anziehsachen für kältere Tage. So muss der Familienausflug selbst bei schlechterem Wetter nicht sprichwörtlich ins Wasser fallen.

URLAUB IN DER HERRLICH SCHÖNEN NATUR!

Insbesondere in den warmen Sommermonaten möchten wir möglichst jede Minute im Freien verbringen. Ganz egal, ob am wunderschönen Sandstrand, in den Bergen oder auf dem Land: Die frische Luft sorgt vor allem in den Abendstunden für eine Tiefenentspannung. Hotels befinden sich leider nur selten inmitten schöner Natur.

In diesem Fall überzeugt wieder der Wohnmobilurlaub, denn Sie sind praktisch die ganze Zeit an der frischen Luft.

Campingplätze liegen oft direkt neben einem Naturschutzgebiet oder unmittelbar am Strand. Wenn Sie morgens die Tür aufmachen und hinausgehen, können Sie Ihren morgendlichen Kaffee inmitten des Vogelgesangs genießen.

In zahlreichen europäischen Ländern ist sogar das Wildcampen erlaubt, also das Übernachten im eigenen Reisemobil abseits der Zivilisation und Campingplätzen.

Wenn Sie also der wunderschönen Natur ganz nahekommen möchten, sollten Sie sich unbedingt für einen Campingurlaub entscheiden, ganz egal ob am Meer, in den Bergen, ob in Schottland, Schweden oder Norwegen.

WINTERCAMPING BIETET GÜNSTIGEN URLAUB DIREKT AN DER SKIPISTE!

Nicht nur in den Sommermonaten, sondern auch im Winter bietet ein Wohnmobil großartige Vorteile und ist eine kostengünstige Alternative zum Hotelurlaub.

Insbesondere in der Skisaison sind Hotelzimmer nahe der Skipiste äußerst begehrt und dementsprechend teuer. Hohe Preise und überfüllte Hotellobbys sorgen aber nicht für ein entspannendes Urlaubsgefühl.

Eine großartige und zudem kostengünstige Alternative ist in diesem Fall das gut beheizbare Wohnmobil. Immer mehr Skigebiete eröffnen direkt neben den Pisten Campingplätze und dort sind die Übernachtungspreise deutlich preiswerter als im Skihotel. Auch der Weg zum Skilift ist so wesentlicher kürzer. Dadurch bleibt mehr Zeit und ein größeres Budget für unvergessliche Winter-Urlaubsmomente.

Hack 9 – Richtig lüften und heizen im Reisemobil!

Verabschieden Sie sich mit elektrischen Teppichheizmatten von kalten Füßen im Winter. Ein Schneewall um Ihr Wohnmobil herum schützt Sie zudem vor Zugluft unter dem Auto.

Des Weiteren können Sie das Fahrerhaus gezielt

beheizen, so beispielsweise durch eine kraftstoffbetriebene Zusatzheizung.

Informieren Sie sich hierzu im Vorfeld bei Ihrem Wohnmobilvermieter. Dieser kann Sie über spezielle Nachrüstungen informieren.

WOHNMOBILURLAUBE SIND IDEALE SPORTURLAUBE!

Ganz egal, ob Fahrradtouren, Alpinski, Langlaufen, Wandern oder Bergsteigen – welche Aktivität Ihnen auch Spaß macht –, mit der richtigen Ausrüstung und dem Wohnmobil haben Sie dafür ideale Bedingungen.

Denn das Reisemobil bietet Ihnen reichlich Platz, um die gesamte Ausrüstung mitzunehmen, so etwa Skiausrüstungen oder Fahrräder. Normale PKW sind da sehr viel eingeschränkter. Mit dem Zug oder dem Bus das Snowboard oder das Surfbrett mitzunehmen, ist kaum möglich beziehungsweise lässt das den Urlaubsspaß im Nu verfliegen.

Die meisten Wohnmobile sind dagegen mit einer großzügigen Heckgarage ausgestattet, die Ihnen die Mitnahme der Ausrüstung problemlos ermöglicht.

DAS PASSENDE MASS AN ANONYMITÄT!

Wenn Sie im Hotel Ihren Urlaub verbringen möchten, dann müssen Sie sich an die dort geltenden Bestimmungen und Regeln halten. Es heißt schließlich: „No shoes means no service!“ – die Etikette ist vor allem in den öffentlichen Hotelbereichen einzuhalten, so etwa im gemeinsamen Restaurantbereich.

Es ist häufig kein großartiger Komfort, wenn wir sogar im Urlaub die Badehose wieder gegen die Anzugshose eintauschen müssen. Wenn Sie hingegen mit dem Wohnmobil in den Urlaub fahren, können Sie sich ganz nach Ihren eigenen Vorstellungen kleiden: Sie können nicht nur frühstücken, wann immer Sie möchten, sondern dies auch noch in ganz lockerer Freizeitkleidung tun.

Im Hotel muss außerdem zwischendurch das Zimmer verlassen werden, damit die alltägliche Grundreinigung und der Handtuchwechsel stattfinden können. Das entfällt beim Campingurlaub. Sie können Ihr Ungestörtsein in vollen Zügen genießen.

DAS BESONDERE CAMPINGGEFÜHL GENIESSEN!

Wer schon mal einen Campingurlaub gemacht hat, weiß, dass man oft zu zweit in den Urlaub fährt und mit neuen Kontakten im Gepäck wieder nach Hause kommt. Campinggemeinden sind wie große Familien. Einladungen zum Kaffeetrinken oder zum gemeinsamen Grillen sind absolut keine Seltenheit. So kann man sich mit anderen Menschen austauschen und Kinder finden rasch neue Freunde und Spielkameraden.

Diese Liste der Campingvorteile ließe sich im Grunde noch lange fortführen. Doch die oben genannten Gründe konnten bereits anschaulich darstellen, welche bedeutenden Vorteile ein Urlaub mit dem Wohnmobil gegenüber einem klassischen Hotelurlaub oder einer Pauschalreise bietet.

Welcher Campingtyp sind Sie?

Ganz allgemein gibt es zwei völlig verschiedene Camping-Typen, die sich den liebsten Urlaubsplatz im Grunde nie streitig machen werden.

Wissen Sie, zu welchem Typ Sie gehören? Machen Sie hier gern den Selbsttest. Kreuzen Sie jeweils an, ob auf Sie eher die Behauptung A oder die Behauptung B zutrifft. Was Sie häufiger angekreuzt haben, gibt Ihnen mehr Aufschluss über Ihren Camping-Typ.

Routenplanung

A Reisen Sie gern nach Plan und studieren deshalb bereits im Vorfeld die entsprechenden Reiseführer?
Am besten finden Sie es eigentlich, wenn Sie Ihr Navigationsgerät schon im Vorhinein programmieren können, sich damit die Zeit für die Platzsuche sparen und so ganz genau wissen, wie lange Sie für die Strecke brauchen werden.

B Besteht Ihr Reiseplan nur aus einer ungefähren Richtung? Steuern Sie nur ungern vorher festgelegte Routen und Campingplätze an? Möchten Sie Orten lieber zufällig begegnen und greifen Sie nur ungern zu großen Reiseführern?

Platzqualität

A Bevorzugen Sie das Sichere und Gewohnte? Kann ein Campingplatz für Sie gern wie der vorherige aussehen? Schätzen Sie hohen Komfort und nehmen Sie dafür in Kauf, dass der Campingplatz auch mal voller sein kann?

B Ist jeder Platz, der ungewöhnlich ist, für Sie ein Highlight? Bevorzugen Sie Plätze, die vielleicht keinen so hohen Komfort bieten, dafür aber möglichst menschenleer sind?

Die Zeit auf dem Campingplatz

A Haben Sie bereits einen schönen Platz gefunden, an dem Sie es mögen, sich häuslich einzurichten? Lieben Sie es, schöne Sachen aufzubauen und Ihren Platz abzustecken? Möchten Sie es gern „aufgeräumt" haben wie zu Hause, alles an Ort und Stelle geräumt?

B Bleiben Sie normalerweise nicht allzu lange auf einem einzigen Campingplatz? Holen Sie aus diesem Grund jedes Stück nur dann aus dem Wohnmobil heraus, wenn es wirklich benötigt wird, damit Sie beim späteren Einpacken nicht zu viel Arbeit haben und Zeit verlieren?

Ihr persönlicher Komfort

A Möchten Sie auch im Urlaub absolut nichts vermissen? Ist Ihnen ein Stromanschluss im Wohnmobil sehr wichtig? Möchten Sie am liebsten direkt neben Ihrem Reisemobil eine Waschmaschine und Frischwasser haben? Möchten Sie in unmittelbarer Nähe des Campingplatzes Supermärkte und Restaurants haben? Bestehen Sie auf sauberen Sanitärräumen und optimalem WLAN?

B Brauchen Sie lediglich eine kleine einzelne Dusche und eine saubere Toilette, dafür aber eine wunderschöne Landschaft in der ersten Reihe am

Strand? Sind Ihnen die Natur und die Aktivitäten auf dem Campingplatz wichtiger als der individuelle Komfort?

AUFLÖSUNG

Camping-Typ A – Komforturlaub auf dem großen Campingplatz

Nehmen Sie sich die Zeit und suchen Sie sich in der Gegend, in die Sie fahren wollen, immer ein paar Alternativen:

- Für den Fall, dass Ihnen der zuerst angefahrene Platz doch nicht so gut gefällt oder zu voll ist,
- Wenn Sie unterwegs durch das Besuchen von Sehenswürdigkeiten länger als gedacht aufgehalten wurden,
- Wenn Sie zum Fahren keine Lust mehr haben oder
- Wenn Sie an diesem Tag doch ein Stück weiter als ursprünglich geplant fahren möchten.

Am besten eignen sich für Sie die großen Campingplätze. Da Sie an Komfortplätzen auch immer Strom haben, ausreichend Frischwasser erhalten und die Zufahrt in der Regel sehr großzügig angelegt ist, können Sie bedenkenlos – selbst völlig ungeübt – alle diese Plätze mit einem großen Wohnmobil ansteuern.

Camping-Typ B – Basic-Camping mit viel Spontanität

Entscheiden Sie sich lediglich dafür, in welche Richtung Sie fahren möchten, steigen Sie ein und los geht´s!

Mit Ihren geringen Ansprüchen an die zukünftigen Campingplätze werden Sie sich wahrscheinlich ebenso bei der Größe Ihres Wohnmobils zurückhalten. So passen Sie, Ihr Fahrzeug und Ihre angefahrenen Campingplätze ideal zusammen.

Welches Wohnmobil soll es sein?

Bevor Sie sich für ein Wohnmobil entscheiden, sollten Sie unbedingt überlegen, was Sie im Urlaub konkret benötigen. Diese Entscheidung sollte nicht in erster Linie finanzieller Art, sondern eher grundsätzlicher ausfallen: Möchten Sie komfortabel und eher luxuriös unterwegs sein? Möchten Sie auf bestimmte Annehmlichkeiten auf keinen Fall verzichten oder möchten Sie eher spartanisch unterwegs sein und sich nur auf das Allernötigste begrenzen?

Sie werden mit Ihrem Wohnmobil ganze Tage, vielleicht sogar Wochen oder Monate unterwegs sein. Aus diesem Grund sollten Sie genau überprüfen, welcher Fahrzeugtyp Sie sind. Beantworten Sie folgende

Fragen und werden Sie sich klar darüber, worauf Sie auf Reisen nicht verzichten möchten.

So haben Sie beispielsweise die Wahl zwischen einem größeren oder einem kleineren Wohnmobil – jedes Fahrzeug bietet für sich gewisse Vor- und Nachteile.

IHRE ANSPRÜCHE AN DAS NEUE „FAHRBARE ZUHAUSE" – SELBSTTEST

Kochen on the road

A Lieben Sie das Kochen und möchten auch unterwegs eine gut ausgestattete Küche mit möglichst vielen Kochutensilien haben?

B Reichen Ihnen zwei kleine Kochplatten und wenig Stauraum unterwegs aus, weil Sie lieber auswärts essen gehen oder im Freien grillen?

Essen & Trinken

A Sitzen Sie beim Essen gern an einem festen Tisch, gern auch drinnen in einem (wetter-)geschützten Bereich?

B Lieben Sie das Essen in der freien Natur, selbst wenn mal die Stühle etwas wackelig sind und Insekten umherschwirren?

Beauty & Körperpflege

A Sind für Sie ein eigenes Badezimmer mit Dusche und WC ein absolutes Muss und ein grundlegender Lebensbestandteil?

B Ist es in Ordnung für Sie, wenn Sie sich auch mal kurz an der Küchenspüle waschen müssten, nicht ganz blitzblanke, öffentliche Waschräume nutzen oder nur ein sehr kleines WC mit an Bord haben?

Schlafkomfort

A Können Sie sich nur in einem schönen Bett mit guter Matratze erholen? Ist ein allabendlicher Umbau, um überhaupt erst schlafen gehen zu können, für Sie ein Graus?

B Haben Sie kein Problem damit, das Bett vor dem Schlafen erst noch zusammenzubauen? Eine Matratze, die aus mehreren Teilen mit Ritzen besteht, macht Ihnen gar nichts aus?

Wohnen unterwegs

A Ist es Ihnen wichtig, auch mal einen Raum für sich zu haben? Möchten Sie nicht ständig mit Ihren Mitreisenden zusammenstoßen und diskutieren, ob jetzt geschlafen oder gegessen wird?

B Möchten Sie in Ihrem Campingurlaub möglichst jede Minute im Freien verbringen? Drinnen zu sein kommt für Sie wirklich nur zum Schlafen in

Betracht? Reisen Sie ohnehin lieber allein und brauchen keinen großen Wohnkomfort?

Packen und Ausstattung

A Ist es Ihnen wichtig, für alle möglichen Eventualitäten perfekt ausgestattet zu sein? Möchten Sie verschiedene Sportausrüstungen mitnehmen und sich nicht entscheiden müssen, welche Bekleidung oder welche Gegenstände aufgrund des Platzmangels zu Hause bleiben müssen?

B Reicht Ihnen unterwegs wenig Kleidung? Können Sie sich Skier, Fahrräder oder ein Stand-up-Paddle-Board auch am jeweiligen Reisezielort mieten?

Der Roadtrip

A Möchten Sie am liebsten große und gut erreichbare Campingplätze besuchen? Sind kleine Gassen oder schlechte Straßen für Sie ein Albtraum?

B Lieben Sie einspurige Küstenstraßen? Bevorzugen Sie möglichst abgelegene Campingplätze oder Freistehplätze abseits großer Straßen?

AUFLÖSUNG

Camping-Typ A
Ein großes Wohnmobil im Urlaub ist ein Muss für Sie.

Camping-Typ B
Sie bevorzugen eher mittelgroße bis kleine Wohnmobile.

Erfahren Sie nachfolgend mehr zu diesem Thema und den unterschiedlichen Wohnmobilvarianten.

GROSSE WOHNMOBILE

Im Allgemeinen haben große Fahrzeuge eine ungefähre Gesamtlänge von sieben Metern und sind stolze zweieinhalb bis dreieinhalb Meter hoch. Auf übliche Kleintransporter führender Automarken wie den Mercedes-Benz Sprinter oder den Fiat Ducato setzen diverse Wohnmobilhersteller wie Hymer, Dethleffs & Co. vollständig ausgebaute und äußerst komfortable Wohnräume auf: So befinden sich in diesen Fahrzeugen drei oder sogar noch mehr Betten mit normalen Maßen und einer rückenfreundlichen Matratze, ein fest installierter Tisch mit vier Sitzgelegenheiten und eine gut ausgestatte Küche mit reichlich Stauraum. Außerhalb der Wohnkabine des Reisemobils findet sich zudem ein abgegrenztes Toilettenabteil, das in den meisten Fällen sogar eine Dusche enthält.

Diese großen Reisemobile sollten jedoch von jemandem gefahren werden, der viel Erfahrung hat und die dafür unter Umständen nötige Fahrerlaubnis mitbringt. Denn ab einem gewissen Gesamtgewicht des Fahrzeugs braucht es spezielle Fahrkenntnisse. Mit den aktuellen Führerscheinen dürfen nur Fahrzeuge bis zu einem Gesamtgewicht von dreieinhalb Tonnen gefahren werden. Zudem befähigt diese Fahrerlaubnis lediglich zur Beförderung von maximal acht weiteren Reisenden (außer dem Fahrer selbst) und eines Gesamtgewichts des Anhängers von höchstens 750 Kilogramm.

Nur ältere Führerscheine, also die vor dem Jahr 1999 ausgestellt worden sind, erlauben es, ein Fahrzeug mit einem Gesamtgewicht von bis zu siebeneinhalb Tonnen zu lenken.

Alkovenmobil

Charakteristisch für das Alkovenmobil ist die weit über das Fahrerhaus gewölbte Koje – der sogenannte Alkoven –, in der sich ein fest eingebautes, komfortables breites Doppelbett befindet. Dieses ist über eine Leiter zu erreichen.

Durch diesen markanten Bau, der einer länglich gewölbten Nase ähnelt, hat dieses Wohnmobil den Spitznamen „Nasenbär“ unter Insidern erhalten.

Im Heck dieser Alkovenwohnmobile finden sich meistens zwei oder sogar noch mehr Betten. Dieses Gefährt hat eine eher wuchtige und zudem sehr hohe Form. Es erfordert nicht nur viel Fahrpraxis beim Lenken, sondern verbraucht auch deutlich mehr Sprit als andere, kleinere Reisemobile.

Der große Vorteil, der hier jedoch zu erwähnen ist, ist das entsprechend großzügige Platzangebot und der äußerst komfortabel ausgebaute Innenraum: Von sehr guten Klimatisierungsmöglichkeiten über viel Stauraum bis hin zu einem abgeteilten Fahrerraum lässt dieses Gefährt kaum mehr Wünsche offen.

Teilintegriertes Wohnmobil

Was ist eigentlich der genaue Unterschied zwischen einem teilintegrierten und einem vollintegrierten Wohnmobil?

Bei der **teilintegrierten** Variante – kurz TI – bleibt das Fahrerhaus des Reisemobils unverändert, wird also für die Innenansicht mitverwendet.

Typische Fahrzeugbeispiele hierfür sind Sprinter, Fiat Ducato oder auch der VW-Bus. Diese Form des Wohnmobils ist die bekannteste und zudem äußerst beliebt. Die Gründe hierfür liegen auf der Hand: Dieses Wohnmobil ist flexibel und bietet reichlich Platz für unvergessliche Campingerlebnisse!

Diese Fahrzeuge sind von außen bereits gut als

teilintegriert erkennbar, das heißt, dass das Fahrerhaus des ursprünglichen Basisfahrzeugs noch erhalten ist. Vom äußeren Erscheinungsbild her ähnelt diese Variante also dem handelsüblichen Kastenwagen. Anders sieht es hingegen von der Seiten- beziehungsweise der Innenraumbetrachtung aus.

Direkt hinter dem Fahrerhaus schließt sich der Wohnraum an, der in Fachkreisen als „Aufbau" bezeichnet wird. So können Sie bei diesen Modellen zum Beispiel direkt vom Fahrerhaus aus in den Wohnbereich gehen und umgekehrt. Sie können den Fahrer- und Beifahrersitz bequem drehen und sitzen somit direkt gemütlich an der Tischgruppe!

Durch den sehr kompakten Fahrzeugaufbau sind diese Wohnmobile sehr gut lenkbar, sogar auf kurvigen oder eher engen Straßen. Im Allgemeinen reicht für das Fahren dieser Fahrzeuge die normale PKW-Fahrerlaubnis aus.

Vollintegriertes Wohnmobil

Diese Variante gilt sozusagen als die „Königsklasse" unter den Reisemobilen: Im **vollintegrierten** Wohnmobil verschmilzt sozusagen das Fahrerhaus mit dem Wohnraum. Sichtbare Übergänge oder Abtrennungen sind nicht erkennbar – weder von innen noch von außen. Das Wohnmobil wirkt also wie aus einem Guss und ist optisch ein echter Hingucker!

Vom ursprünglichen Basisfahrzeug ist hier kaum mehr etwas zu erkennen. Die Grundlage für diese Variante ist lediglich ein Windlauffahrgestell, das im weiteren Fahrzeugausbau das Getriebe, den Motor, die Sitze und vieles mehr aufnimmt – bis das fertige vollintegrierte Wohnmobil letztendlich steht.

Dieses Fahrzeug ist vollintegriert, also vom Bug bis zum Fahrzeugheck in einen individuell designten Wohnaufbau eingebaut: Das Interieur des Wohnmobils ist großzügig und sehr beeindruckend!

Der Aufbau dieser Fahrzeuge ist recht komplex, doch das Ergebnis ist eine sehr elegante und unverwechselbare Karosserie. Und nicht nur das: Diese Wohnmobilvariante überzeugt zusätzlich mit einer herausragenden Isolierung, die sich ganzjährig bewährt.

Diese vollintegrierte Wohnmobilvariante ist auf jeden Fall für alle, die höchsten Wert auf Luxus und Wohnkomfort legen, die richtige Wahl.

Hack 10 – Prüfen Sie im Vorfeld genau, was am besten zu Ihnen passt!

Alle Wohnmobilmodelle sind recht aerodynamisch konstruiert und somit relativ spritsparend. Sie sind meistens ziemlich kompakt und somit gut rangierbar.

Die Anschaffung und die Fahrzeugreparatur können allerdings aufgrund der oft individuellen Gesamtkonstruktion sehr kostenintensiv ausfallen.

Große Wohnmobile – die Vorteile im Überblick

- ✓ Alle Schlafplätze sind durchgängig aufgebaut und können jederzeit in Anspruch genommen werden, ganz gleich, ob für ein kurzes Powernapping in der Mittagszeit, bei einer Pause während langer Fahrten oder nachts zum Energietanken!
- ✓ Große Wohnmobile sind selbstverständlich sehr komfortabel und punkten mit einer großzügigen Bewegungsfreiheit und reichlich Platz. Sie können sich darin sehr gut bewegen und sich darin ein wenig zurückziehen, wenn Sie eine kleine Auszeit, nur für sich selbst, suchen.
- ✓ Im Grunde können Sie in einem großen Wohnmobil alles, worauf Sie unterwegs im Urlaub nicht verzichten möchten, auch mitnehmen.

Hack 11 – Behalten Sie das zulässige Gesamtgewicht im Blick!

Achten Sie unbedingt darauf, dass das zulässige Gesamtgewicht nicht überschritten wird.

Hierzu gehören das Leergewicht des Fahrzeugs gemäß den Daten im Fahrzeugschein und die zusätzliche Beladung. Falls Sie das Wohnmobil über das zulässige Gesamtgewicht hinaus überladen, kann sich das zum Beispiel negativ auf den Bremsweg auswirken. Das führt also zu einem erheblichen Sicherheitsrisiko!

Des Weiteren kann eine solche Überladung teuer werden, denn oftmals kontrolliert die Polizei genau solche Aspekte im Rahmen üblicher Straßenkontrollen.

- ✓ Kinder und andere Mitreisende können in diesen Wohnmobilen während der Fahrt angeschnallt und somit bestens gesichert – zum Beispiel am Esstisch – sitzen und sich miteinander beschäftigen, lesen, malen oder essen.

  So wird die Fahrt nicht langweilig und die Eltern können entspannt fahren. Das ist ein besonders angenehmer Aspekt, insbesondere bei sehr langen Autofahrten!

Große Wohnmobile – die Nachteile im Überblick

- × Die Größe des Wohnmobils ist wirklich gewöhnungsbedürftig, unterschätzen Sie diesen Aspekt nicht. Die Handhabung ist also nicht jedermanns Sache. Wenn Sie ängstlich, unsicher oder verkrampft mehrere hundert oder gar tausend Kilometer Wegstrecke zurücklegen müssen, ist das alles andere als Spaß, Urlaub und Erholung!
- × Auch an die Höhe des Wohnmobils müssen Sie sich erst einmal gewöhnen: Mit dreieinhalb Metern ist es nicht gerade einfach, dieses Fahrzeug stets im Blick zu behalten. Beachten Sie Höhenbegrenzungen, zum Beispiel auf Autobahnen,

immer ganz aufmerksam! Auch andere Hindernisse wie Brücken oder niedrige Durchfahrten werden meistens ausgeschildert.

In manchen Fällen gibt es jedoch leider keine Vorwarnung, so zum Beispiel bei sehr tief herabhängenden Ästen. Dann braucht es eine bestimmte Fahrerfahrung, um das Wohnmobil in seiner ganzen dreidimensionalen Größe gut abschätzen zu können.

Sowohl die Fahrzeuglänge wie auch die Breite sind für Sie als PKW-Fahrer bestimmt neu. Geben Sie sich Zeit, um sich mit dem Gefährt vertraut zu machen und fahren Sie in engen Gassen, auf steilen Pisten oder Serpentinen besonders vorsichtig. Das gilt vor allem dann, wenn Sie rückwärtsfahren, jedoch kein Rückfenster an Ihrem Gefährt besitzen.

- × Nicht nur Länge und Höhe, sondern auch das Gewicht des Fahrzeugs sorgt für eine ordentliche Fahrzeugmasse. Für viele unerfahrene Wohnmobilfahrer ist das ein größerer Stress, als der Komfort wettmachen würde.
- × Die Kosten für die Fahrt und den Wohnmobilkauf beziehungsweise die Wohnmobilmiete sollten ebenso wenig unterschätzt werden.

MITTELGROSSE WOHNMOBILE

Hierunter fallen Kastenwagen und Kleinbusse, die mit einer entsprechenden Campingausstattung ausgebaut wurden. Sie werden auf dem Fahrgestell, also dem Rahmen eines Transporters, aufgebaut – typischerweise eines Ford Transits, eines Citroën Jumpers, eines Mercedes Vitos, eines Fiat Ducatos oder eines Peugeot Boxers.

Mittelgroße Wohnmobile weisen in der Regel eine Gesamtlänge von fünf bis höchstens sechs Metern und eine Durchschnittshöhe von bis zu zweieinhalb Metern auf.

Im Allgemeinen sind mittelgroße Wohnmobile mit zwei festen Schlafgelegenheiten beziehungsweise einem festen Doppelbett ausgestattet. Auch eine Sitzgruppe ist in diesen Reisemobilen zu finden, die sich bei Bedarf zu einem weiteren Doppelbett umfunktionieren lässt. So haben selbst in mittelgroßen Campingmobilen bis zu vier Menschen sehr gut Platz.

Die Küche in diesen Reisemobilen ist ziemlich übersichtlich konzipiert und ausgestattet. In manchen Wohnmobilmodellen findet sich sogar eine kleine eigene WC-Kabine, teilweise sogar mit kleiner Dusche.

Diese Wohnmobile sind ausgezeichnet für Paare geeignet, aber ebenso für Familien, die den allabendlichen Umbau des Interieurs in Kauf nehmen.

Mittelgroße Wohnmobile – die Vorteile im Überblick

- ✓ Sie genießen im Innenraum mittelgroßer Wohnmobilmodelle eine komfortable Stehhöhe und kommen somit sehr gut an alle Schränke heran. Ebenso können Sie sich sehr gut im Inneren bewegen.
- ✓ Sie können mit einem Wohnmobil mittlerer Größe im Allgemeinen fast überall gut parken. Lediglich einige zentrumsnahe Möglichkeiten entfallen aufgrund der Höhe sowie der Parkdauer. Solche Parkplätze erkennen Sie an den Beschränkungslatten über der Parkplatzeinfahrt.
- ✓ Mit der Größe dieser Reisemobilvariante kommen Sie im Allgemeinen sehr gut zurecht, vor allem beim Fahren durch enge Gassen oder engere Kurven.
- ✓ Dieses Fahrzeug können Sie übrigens ebenfalls in Ihrem Alltag sehr gut nutzen, so zum Beispiel als Alternative zum bisherigen, herkömmlichen PKW.
- ✓ Während der Pausen und Fahrstopps können Sie – insbesondere als Paar oder Singlereisender – wunderbar ein kleines Mittagsschläfchen machen. Als Familie können Sie gemeinsam am Tisch essen.

Mittelgroße Wohnmobile – die Nachteile im Überblick

- An die Größe des Fahrzeugs muss sich so manch einer schon noch gewöhnen. Auch mittelgroße Wohnmobile sind noch deutlich größer als herkömmliche PKW und Sie brauchen definitiv stabile Nerven und eine gute Fahrpraxis, um das Campingmobil mit all seinen Dimensionen gut im Griff zu haben.
- Richtig komfortabel sind Wohnmobile mittlerer Größe nur für zwei Personen. Sie können Kinder zwar sehr gut mitnehmen, denn diese können auch während der Fahrt sicher am Tisch sitzen und spielen. Doch Sie haben weniger Staufläche zur Verfügung als in einem großen Wohnmobil.
- Des Weiteren haben Sie vor jedem Zubettgehen die Aufgabe des Umbaus vor sich, um die zusätzlichen Schlafgelegenheiten herzurichten.
- Das Wohnklima ist in diesen Wohnmobilen meist nicht so angenehm, es herrscht entweder eine starke Hitze oder große Kälte. Das liegt vor allem an der Blechkarosserie und die Einbeziehung des Fahrerhauses in den Wohnraum.

KLEINE WOHNMOBILE

Unter diese Kategorie fallen die klassischen Busse – ohne Aufstell- oder Hochdach. Ebenso fällt die Kombination aus Grundfahrzeug und Aufsatzkabine unter diese Modelle.

Diese kleinen Wohnmobile haben eine überschaubare Länge von höchstens fünf Metern und eine Gesamtdurchschnittshöhe von zwei Metern.

Diese Varianten gibt es natürlich nicht nur vom Hersteller VW in vielen verschiedenen Ausstattungsvarianten, sondern auch von Fiat und Mercedes.

Auch Pick-up-Wohnmobile sind eine beliebte Wahl: Hier werden Geländewagen mit einer offenen Ladefläche eine Wohnkabine aufgesetzt, die auf dem Camping-Stellplatz einfach abgeladen werden kann. Mit dem Fahrzeug kann dann ideal die nähere Umgebung erkundet werden. Diese Wohnkabinen gibt es sehr einfach und spartanisch eingerichtet zu kaufen, aber auch in der Luxusvariante für Familien.

Kleine Wohnmobile – die Vorteile im Überblick

- ✓ Dieses Wohnmobil ist tatsächlich so klein, dass Sie sogar an den meisten beliebten Urlaub-Hotspots, also ganz nah am Ort des Geschehens, problemlos einen Parkplatz finden.

- ✓ Sogar verwinkelte Gässchen können Sie damit sehr gut befahren. So können Sie sicher sein, dass Sie gut durchkommen, ohne sich über Höhenbeschränkungen oder Abmessungen Gedanken machen zu müssen.
- ✓ Das Auto ist kompakt und so können Sie ganz entspannt fahren, auch mit einer normalen PKW-Fahrerlaubnis. Vom kleinen Weg bis zur stark befahrenen Hauptstraße kommen Sie mit dem kleinen Wohnmobil überallhin.
- ✓ Fähr-, Straßen- und Mautgebühren sind für ein solches kleineres Fahrzeug deutlich günstiger als für ein großes Wohnmobil!
- ✓ Mit der Variante einer abbaubaren Wohnkabine, also einem Pick-up-Reisewohnmobil, verfügen Sie im Handumdrehen über einen normalen PKW, den Sie genauso gut in der Stadt oder sonst abseits Ihres Campingurlaubs nutzen können.

Kleine Wohnmobile – die Nachteile im Überblick

- × In kleineren Wohnmobilen haben Sie leider kaum Wohnkomfort. Wenn überhaupt, gibt es nur eine sehr kleine Küche und im Innenraum können Sie nur schwer aufrecht stehen oder sich bewegen.
- × Auch der Stauraum ist sehr limitiert.

- Wenn Sie nicht allein verreisen, müssen Sie in einem kleinen Wohnmobil kompromissbereit sein, und das ist der größte Nachteil dieser Wohnmobilmodelle! Im Innenraum kann man entweder nur sitzen (und essen oder spielen) oder schlafen (liegen). Das ist vor allem an Schlechtwettertagen ein großer Stress- und Streitfaktor.
- Wenn Sie in einem kleinen Wohnmobil schlafen gehen möchten, müssen Sie zuvor immer umbauen. Wenn Sie müde von der Fahrt sind oder nur ein kleines Nickerchen zum Energietanken brauchen – entweder schlafen Sie im Sitzen oder Sie müssen das Bett aufbauen.
- Der größte Verzicht in puncto Wohnqualität ist natürlich das WC. Darauf müssen Sie entweder verzichten oder eine sogenannte Porta Potti (eine tragbare Toilette) mitnehmen. Doch dafür müssen Sie im Innenraum natürlich Platz finden.

Wie bekomme ich ein Wohnmobil?

WO KANN EIN WOHNMOBIL GEKAUFT WERDEN?

Gehen wir nun einen Schritt weiter und schauen uns an, wo Sie ein Wohnmobil kaufen können. Und: Gibt es einen idealen Zeitpunkt, um einen ausgezeichneten Kaufpreis zu erzielen?

Campingmobil beim Autohändler erwerben

Wenn Sie ein Wohnmobil beim Händler kaufen, genießen Sie einige Vorteile gegenüber dem Privatkauf, so zum Beispiel eine ausgezeichnete **Fachberatung** und eine **Gewährleistung**.

Ob ein Wohnmobilverkäufer vertrauenswürdig ist und einen top Service bietet, sagt Ihnen auch Ihr Bauchgefühl. Sie werden schnell merken, wie viel Zeit sich der Serviceberater für Ihre Fragen nimmt und welchen Eindruck er generell auf Sie macht.

Hack 12 – Sichern Sie sich die Gewährleistung des Händlers!

Ein seriöser Händler bietet im Allgemeinen eine Gewährleistung für Gebrauchtwagen an. Bestehen Sie unbedingt auf dieser, denn dazu ist der Händler gesetzlich verpflichtet. Gewährleistungen kosten extra Geld und genau aus diesem Grund sind die Fahrzeuge vom Händler in der Regel meistens etwas teurer als Wohnmobile aus dem Privatverkauf.

Ein weiterer Vorteil beim Händler ist, dass Sie immer mehrere Fahrzeugangebote vor Ort haben. Sie können im Allgemeinen aus einer breitgefächerten Auswahl das Wohnmobil finden, das am besten zu Ihren Wünschen und Vorstellungen passt.

Es ist natürlich sehr nützlich, wenn Sie vor Ort die **Verarbeitungsqualität** und **Grundrisse** miteinander vergleichen können.

Hack 13 – Checken Sie den Wohnmobilhändler!

Informieren Sie sich im Vorfeld über den Händler, bei dem Sie das Wohnmobil kaufen möchten. Nutzen Sie dafür Social-Media-Kanäle wie Facebook, aber auch Foren, Bewertungsplattformen oder die Sternebewertungen bei Google. Hier können Sie schnell ermitteln, welche

Erfahrungen andere Käufer mit diesem Händler gemacht haben. Durch ein solches Vorgehen haben Sie dann die Möglichkeit, schon im Vorfeld zu entscheiden, ob Sie dort überhaupt kaufen wollen oder ob Sie sich gleich nach einem anderen Anbieter umschauen.

Campingmobil von privat erwerben

Falls Sie eher ein knappes Budget zur Verfügung haben, kann es durchaus sinnvoll sein, ein Wohnmobil aus privater Hand zu kaufen. Das trifft auch dann zu, wenn Sie sich technisch sehr gut auskennen und keine besondere Fachberatung benötigen oder wünschen.

Hack 14 – Kaufen Sie nicht Ungesehenes!

Kaufen Sie niemals ein Reisemobil, das Sie nicht selbst vor Ort angeschaut und abgenommen haben. Schauen Sie es sich gut an und untersuchen Sie alle Punkte, die Ihnen wichtig sind, ganz genau. Vor allem der Motor des Fahrzeugs sollte eigentlich von einem Experten geprüft werden.

Auch der Aspekt „Dichtigkeit" ist sehr wichtig und sollte vor Ort gecheckt werden.

Denken Sie nämlich daran, dass Sie von dem Privatverkäufer keine Gewährleistung erhalten.

Hack 15 – Kaufen Sie Ihr Wohnmobil zum richtigen Zeitpunkt!

Wir empfehlen Ihnen, sozusagen „antizyklisch" ein

Wohnmobil zu kaufen. Das heißt: Kaufen Sie das Wohnmobil zum Beispiel im Herbst, wenn die Hauptsaison vorbei ist, denn dadurch können Sie einen deutlich günstigeren Preis erhalten.

Die meisten Menschen kaufen ihr Reisemobil nämlich zum Camping-Saisonstart.

Checken Sie außerdem den Wohnmobilmarkt im Allgemeinen! Wenn es immer wieder neue Zulassungen und Verkaufsrekorde gibt, ist das vermutlich kein guter Zeitpunkt, um nach einem Schnäppchen Ausschau zu halten.

Angebot und Nachfrage bestimmen den Preis: Ist der Preis sehr hoch, dann steht eine entsprechend hohe Nachfrage dahinter! Falls Sie einem solchen Fall also noch abwarten können, dann sollten Sie das auch tun.

Beim Wohnmobilkauf gibt es also durchaus einige Dinge zu beachten. Ein Wohnmobil ist schon eine größere Anschaffung, die Sie sich im Vorfeld gut überlegen sollten.

Das ist normalerweise nichts, das Sie in zwei Jahren wieder neu kaufen. Machen Sie sich also am besten eine Liste mit allen Punkten, die Ihnen wichtig sind, und entscheiden Sie dann – auch nach Ihrem eigenen Bauchgefühl –, ob der Privatverkäufer oder doch der Händler der bessere Ansprechpartner für Sie ist.

CHECKLISTE WOHNMOBILKAUF – GEBRAUCHTKAUF – DAS GILT ES ZU BEACHTEN

PAPIERE

- Liegen die **Fahrzeugpapiere** vollständig und korrekt vor?
- Sind **Sonderbauten** am Fahrzeug in den Unterlagen eingetragen?
- Hat das Wohnmobil eine **Umweltplakette** und wenn ja, welche?
- Kontrollieren Sie hier unbedingt die Farbe. Auch das Kennzeichen muss richtig auf der Plakette eingetragen sein.
- Wann wäre die nächste **HU** (Hauptuntersuchung)?
- Hat eine **Gasprüfung** stattgefunden?
- Befinden sich die **Gasleitungen** schon am Wagenboden beziehungsweise in den dafür vorgesehen Stauräumen? Achten Sie auf unbeschädigte Gasleistungen.
- Wurden **Dichtigkeitsinspektionen** am Wohnmobil wie vorgeschrieben durchgeführt?
- Ist das **Scheckheft** des Fahrzeuges gepflegt worden?

- Wie viele **Vorbesitzer** hatte das Gebrauchtfahrzeug? Gab es darunter unter Umständen Personen, die das Wohnmobil nur zeitweise gemietet haben?
- Gab es **entscheidende Wechsel oder Neuerungen,** wie zum Beispiel in Bezug auf Motoröl, Zahnriemen oder Ähnliches?
- Erhalten Sie mit dem Kauf des Wohnmobils alle **Garantieunterlagen** und **Bedienungsanleitungen**? Das ist vor allem für alle Einbaugeräte sehr wichtig.

BASIS-Check

- Wie sieht die **Karosserie** des Wohnmobils aus? Weist es Beschädigungen oder Rostspuren auf?
- Hat der Vorbesitzer **Unfallschäden** an dem Fahrzeug gemeldet?
- **Reifencheck**: Wie alt sind die Reifen des Autos und welche Profiltiefe weisen Sie noch auf? Ist die Reifenabnutzung gleichmäßig oder nur einseitig? Einseitig abgefahrene Reifen können viele verschiedene Ursachen haben, so kann zum Beispiel ein falscher Reifendruck dahinterstehen, aber auch die Fahrweise des Vorbesitzers kann dafür verantwortlich sein.
- Sind Winterreifen im Kaufumfang mit dabei?

- Überprüfen Sie die **Dichtungen** an den Fahrzeugtüren und Fenstern und achten Sie aufmerksam auf mögliche Beschädigungen der Gummidichtungen wie zum Beispiel spröde Stellen oder Risse.
- Checken Sie die **Wasseranlage** des Fahrzeugs: Ist der Wassertank sehr veralgt? Prüfen Sie auch hier mögliche Schäden oder Risse.
- Checken Sie die **Verkleidungsteile** des Wohnmobils auf mögliche Beschädigungen. Insbesondere bei alten Fahrzeugmodellen kann die Beschaffung von Ersatzteilen eine echte Herausforderung werden.
- Überprüfen Sie das **Licht**: Funktionieren alle Fahrzeuglampen? Können Sie defekte Lichter gegen günstige LEDs austauschen? Können Sie im Inneren auch mit Lesespots nachrüsten?
- Testen Sie alle **Kontrollboard-Funktionen** und schauen Sie unbedingt darauf, dass ein Handbuch vorhanden ist.
- Checken Sie die **Bordbatterie**: Gibt es erkennbare Risse oder sonstige Schäden? Prüfen Sie ebenso, ob ein passendes Ladegerät dafür im Kaufumfang mit dabei ist.
- Bestehen Sie auf einer **Probefahrt** mit dem Wohnmobil: Achten Sie dabei aufmerksam auf

mögliche auffällige Geräusche und prüfen Sie, ob das Getriebe gut schaltbar ist.

Wohnmobilaufbau

- Checken Sie **Aluminiumoberflächen** und überprüfen Sie, ob Korrosion oder Risse – insbesondere an Kanten und Ecken – vorhanden sind.
- Weist das **Dach** des Wohnmobils Hagelschäden auf? Sind diese bereits mit der Fahrzeugversicherung des Vorbesitzers abgerechnet worden?
- Ist das Dach stark von Moos überwachsen?
- Wie sieht die **Decke im Dachhauben-Bereich** aus? Prüfen Sie ebenfalls die **Wände unterhalb der Fenster**, ob zum Beispiel Feuchtigkeitsspuren ersichtlich sind.

Wohnmobilinterieur

- Gibt es im Innenraum merkwürdige **Gerüche**? Prüfen Sie besonders versteckte Winkel und Ecken auf mögliche **Schimmelbildung**.
- Weisen die **Matratzen** Flecken auf oder sind sie durchgelegen?
- Sind Risse in der **Dusche** festzustellen? Könnte dadurch bereits Wasser in die Fahrzeugbodenplatte gelaufen sein?

- Checken Sie die **Funktion der Betten, Möbel und Schränke**.
- Probieren Sie gegebenenfalls die **Montage eines Kindersitzes** aus.

- Prüfen Sie den **Frischwassertank**: Ist dieser von innen sauber und erzeugt die Wasserpumpe ausreichenden Druck?
- Funktioniert die **Heizung** einwandfrei?
- Funktioniert der **Kühlschrank** einwandfrei?
- Funktionieren **elektrische Wohnmobileinbauten** wie die Sat-Anlage, Lichter, etc.?
- Funktionieren alle **Kochplatten**?

EIN WOHNMOBIL MIETEN

Sie müssen natürlich nicht gleich ein Wohnmobil kaufen, sondern Sie können genauso gut eines mieten. Sie können zunächst einmal Ihr Wunschmobil für eine Reise buchen und auf diese Weise ermitteln, ob sich alles mit Ihren Wünschen und Vorstellungen deckt. Des Weiteren können Sie so ebenfalls verschiedene Wohnmobilmodelle ausprobieren.

Wo sollte ein Wohnmobil gemietet werden?

Zunächst steht die Überlegung an, welches Fahrzeug gemietet werden soll: Soll es ein Van, ein Kastenwagen, ein Alkoven, ein teilintegriertes Wohnmobil oder doch ein vollintegriertes für mehr Luxuskomfort sein? Diese Entscheidung hängt maßgeblich von Ihren eigenen Vorlieben ab. Eine wichtige Rolle spielen dabei außerdem das Budget, die gewünschte Reisedauer, Ihre angestrebten Reiseziele und somit Ihr individueller Platzbedarf!

Pauschal gilt: Je mehr Personen mitreisen, desto größer und geräumiger muss der Camper sein. Für eine kleine Familie, die aus Eltern und einem Kind besteht, braucht es natürlich ein anderes Modell als für eine Familie mit zwei oder mehr Kindern und vielleicht noch einem Vierbeiner!

Hack 16 – Informieren Sie sich im Vorfeld über den passenden Camper!

Lassen Sie sich umfassend beraten, falls Sie vorher noch nie mit einem Wohnmobil verreist sind. Suchen Sie hierfür am besten einen Wohnmobilvermieter, den Sie vor Ort aufsuchen können.

Sie können ebenfalls eine Campingmesse besuchen und sich dort umfassend zu den einzelnen Wohnmobiltypen beraten lassen. Das vermittelt Ihnen einen hilfreichen ersten Eindruck und Sie können entspannt die Reise mit Ihrem Wohnmobil antreten.

Wann möchten Sie das Wohnmobil mieten?

Diese Überlegung spielt eine zentrale Rolle! Falls Sie im Winter ein Reisemobil mieten möchten, müssen Sie zunächst einmal nach einer Vermietungsstation Ausschau halten, die auch im Winter noch Campingmobile anbietet. Zahlreiche Reisemobile werden über den Winter abgemeldet und nicht jedes

Wohnmobil ist für das Wintercamping geeignet. Vor allem bei einem Wohnwagen ist das zum Beispiel nicht der Fall.

Wenn Sie im Sommer ein Wohnmobil mieten möchten, überprüfen Sie im Vorfeld, in welchem Zeitraum sich die Hauptsaison befindet, weil da die die Preise für die Vermietung teils drastisch ansteigen.

Hack 17 – Checken Sie, ob das Mobil winterfest ist!

Vor allem dann, wenn Sie kalte Reiseziele besuchen möchten, sollten Sie auf ein winterfestes Mobil achten. Doppelt beheizte Böden, beheizte Abwasser- und Wassertanks sowie funktionierende Innenraumheizungen sind dann das A und O. Ist das Mobil nicht winterfest und die Temperatur sinkt unter den Gefrierpunkt, kann es zur Zerstörung von Leitungen, Wasserpumpen, Tanks & Co. kommen. Es macht also einen großen Unterschied, ob Sie zum Beispiel nach Marokko oder in kalte Regionen reisen möchten.

Hack 18 – Wassertankgröße checken für den Sommer!

Falls Sie sehr warme Urlaubsziele bereisen möchten oder generell lange unterwegs sind, sollten sie die Wassertankgröße des Mobils genau überprüfen. Auch eine gute Isolierung ist grundlegend wichtig, damit sich das Wohnmobil nicht so sehr aufheizt!

Erfüllen Sie die Voraussetzungen für das Mieten eines Wohnmobils?

Ein sehr wichtiges Kriterium hierbei ist ein geeigneter Führerschein. Beachten Sie das Gesamtgewicht des Wohnmobils, das Eigengewicht und die zulässige Zuladung des Fahrzeugs. Dürfen Sie das Fahrzeug mit Ihrer vorliegenden Fahrerlaubnis führen?

Überschreitet das Wohnmobil ein Gesamtgewicht von dreieinhalb Tonnen, können Sie es mit einer üblichen PKW-Fahrerlaubnis (Klasse B) nicht mehr führen.

Bedingungen überprüfen

Es gibt Reiseziele, die mit einem gemieteten Wohnmobil nicht bereist werden dürfen.

Checken Sie daher die Mietbedingungen sehr genau, denn es gibt einige Vermieter, die die Fahrt mit einem gemieteten Mobil auf bestimmte Länder beschränken. Der Grenzübertritt in einige Reisedestinationen sind also mit einem gemieteten Gefährt nicht erlaubt.

Informieren Sie sich hierüber unbedingt rechtzeitig!

Die eigene Fellnase mitnehmen

Erkundigen Sie sich beim Wohnmobilvermieter, ob Sie Ihren tierischen Liebling mit ins Fahrzeug nehmen dürfen. Nicht alle Vermieter gestatten das.

Checken Sie also die Mietbedingungen gegebenenfalls in puncto Mitnahme von Haustieren!

Alternative Mietagenturen

Es gibt zudem eine Privatvermietung, diese wird als „Camper-Sharing“ bezeichnet.

Wie der Name bereits zum Ausdruck bringt, vermieten hierbei Privatpersonen ihr eigenes Wohnmobil gegen eine bestimmte Gebühr. Sie vermieten ihr Reisemobil also dann, wenn sie es selbst nicht brauchen. Dafür inserieren sie es auf diversen Onlineplattformen oder schalten Anzeigen. Andere wiederum haben eine ganze eigene Wohnmobilflotte und betreiben die Privatvermietung wie ein kleines Gewerbe. Der größte Vorteil einer solchen privaten Reisemobilvermietung sind im Allgemeinen die recht günstigen Wohnmobilmietpreise.

Hack 19 – Achten Sie auf die richtige Zulassung des gemieteten Reisemobils!

Das gemietete Wohnmobil muss unbedingt als „Selbstfahrervermietfahrzeug“ zugelassen und versichert sein. Ansonsten deckt der KFZ-Versicherungsschutz einzig und allein den Wohnmobilbesitzer ab.

Auf größeren Plattformen ist ein umfassender Wohnmobilversicherungsschutz selbstverständlich, doch bei Privatvermietungen müssen Sie auf diesen Aspekt besonders Acht geben. Gehen Sie also vorsichtig an Wohnmobilvermietungen heran, die Sie in privaten Zeitungsanzeigen oder Online-Kleinanzeigen finden. Es könnte im schlimmsten Fall sein, dass Sie nicht ausreichend geschützt sind und für möglicherweise entstehende Schäden selbst haften müssen. Das kann richtig teuer werden! Das Motto lautet also definitiv: Vorsicht ist besser als Nachsicht!

Hack 20 – Mindest- und Höchstmietdauer checken!

Die Mindestmietdauer variiert von Anbieter zu Anbieter. Im Allgemeinen sind es – je nach Urlaubssaison – ein bis zwei Wochen. Eine Wohnmobilanmietung unter einer Woche lohnt sich nur in ganz besonderen Ausnahmefällen. Es gibt aber vor allem private Anbieter, die auch Mietzeiträume von nur wenigen Tagen anbieten.

Kaution

Für die Anmietung eines Wohnmobils fällt in der Regel eine Kaution an.

Diese ist von Vermieter zu Vermieter unterschiedlich hoch und hängt natürlich ebenfalls vom Fahrzeug ab, für das Sie sich entscheiden. In den meisten Fällen liegt die Kaution bei 1.000 Euro, denn meistens ist das die Höhe der Selbstbeteiligung im Schadensfall.

Die Kaution müssen Sie normalerweise vorab per

Überweisung leisten. Es gibt aber ebenso Anbieter, bei denen Sie die Kaution bar – bei der Fahrzeugabholung – bezahlen können.

Wenn Sie nach der Mietperiode das Wohnmobil komplett schadensfrei zurückgeben, erhalten Sie die Kaution in voller Höhe zurück.

Versicherungen

Wenn Sie ein Wohnmobil mieten, sind die beiden wichtigsten Versicherungen, nämlich die Haftpflichtversicherung und eine Teilkasko- oder Vollkaskoversicherung, im Regelfall im Mietpreis bereits miteingerechnet.

Hack 21 – Selbstbehalt checken!

Überprüfen Sie die Selbstbeteiligung, die Sie beim Mieten eines Wohnmobils haben. Bei den meisten Fahrzeugvermietern liegt diese zwischen 500 und 2.000 Euro. Falls Ihnen das zu teuer sein sollte, können Sie eine Selbstbehalt-Reduzierungs-Versicherung abschließen: Hierbei gibt es spezielle Urlaubsschutzpakete, die den Selbstbehalt im Fall eines Schadens reduzieren.

Hack 22 – Überprüfen Sie, ob Sie Zusatzversicherungen brauchen!

Prüfen Sie für den Campingmobilurlaub, ob Sie eine Reiserücktrittsversicherung oder eine Gepäckversicherung brauchen. Diese müssen Sie dann nämlich selbst abschließen! Im Mietpreis sind diese Versicherungen nicht enthalten – ebenso wenig wie die Auslandskrankenversicherung, die Sie abschließen sollten, falls Sie den EU-Raum mit dem Wohnmobil verlassen möchten.

Mietkosten

Die Kosten für ein Mietwohnmobil können sehr unterschiedlich ausfallen. Hierbei spielen die Wohnmobilgröße und die enthaltene Ausstattung eine bedeutende Rolle. Auch die inkludierten Freikilometer sind sehr bedeutsam bei der Mietpreisberechnung. Einige ältere oder kleinere Wohnmobile können Sie sogar schon ab einem Tagespreis von 50 Euro mieten. Im Allgemeinen liegen die Tagespreise für mittelgroße sowie für die großen Wohnmobile mit komfortabler Ausstattung bei 100 bis 150 Euro pro Tag.

Bei sehr luxuriösen Wohnmobilen kann es sogar noch deutlich teurer werden!

Hack 23 – Lassen Sie sich das Fahrzeug genau erklären!

In der Regel erklärt der Vermieter die Handhabung des Wohnmobils sowie alle entsprechenden Details bei der Übergabe und darauf sollten Sie unbedingt achten.

Jedem seriösen Vermieter sollte daran liegen, dass Sie sicher mit dem Fahrzeug umgehen können und es demnach in einem ordnungsgemäßen Zustand wieder zurückbringen können. Ein Vermieter, der sich dafür nicht ausreichend Zeit nimmt, sollte nicht in Frage kommen!

Hack 24 – Bestehen Sie auf einem Übergabeprotokoll!

Besichtigen Sie nicht nur gemeinsam mit dem Wohnmobilvermieter das Fahrzeug von innen und von außen, sondern lassen Sie sich ebenfalls ein Übergabeprotokoll mitgeben. Dort sollten bereits vorhandene Fahrzeugschäden schriftlich festgehalten sein, denn hinterher könnten Sie sonst die Verantwortung dafür übernehmen müssen und das kann im Einzelfall teuer werden.

Platzeffizienz im Wohnmobil

SCHLAFSTÄTTEN

Guter Schlaf ist ein zentraler Aspekt, wenn man mit dem Wohnmobil lange unterwegs ist. Jeder Mensch braucht täglich Schlaf: Rund ein Drittel unserer Zeit verbringen wir schlafend im Bett. Und ein erholsamer Schlaf geht mit einem guten Urlaub nun mal Hand in Hand.

Im Wohnmobil gibt es unterschiedliche Arten von Betten, die zum einen vom verfügbaren Platz und zum anderen von der Größe des Wohnmobils abhängen:

Alkoven-Bett

Im **Alkoven** liegt das Bett direkt über dem Fahrerhaus: Es handelt sich hierbei praktisch um ein Bett, ein Doppelbett. Je nach Ausstattung des Fahrzeugs sind die

Matratze und der Lattenrost mehr oder weniger qualitativ hochwertig.

Tagsüber lässt sich dieser Bereich gut als Lagerraum verwenden.

Hubbett

Dieses Bett lässt sich im Wohnmobil häufig im Fahrerhaus absenken. Hierzu müssen der Fahrer- wie auch der Beifahrersitz weggedreht werden. Anschließend kann das Bett manuell oder aber elektrisch herabgesenkt werden. So haben Sie tagsüber den Raum als Wohnfläche zur Verfügung und in der Nacht zum Schlafen. Allerdings muss jeden Abend umgebaut werden, um zu Bett gehen zu können.

Festbett

Dieses Bett ist fest in das Wohnmobil integriert. Meistens befindet es sich im Heck des Fahrzeugs. Festbetten sind in unterschiedlichen Maßen verfügbar, manchmal sogar in speziellen Formen: Der Hintergrund hierfür ist, dass sich die Wohnmobiltüren dann weiter öffnen lassen. Solche Betten machen das Fahrzeug allerdings länger und erschweren so eine gute und vor allem simple Handhabung des Wohnmobils. Oder aber die Betten verringern die Wohnraumfläche.

Sitzflächen-Bett

Bei vielen Wohnmobilen kann aus den vorhandenen Sitzflächen clever ein Bett gemacht werden. Ähnlich wie bei den Hubbetten haben Sie dadurch tagsüber mehr Nutzfläche zur Verfügung, jedoch müssen Sie Abend für Abend das Bett neu umbauen.

Stockbett

Es gibt einfache und doppelte Stockbetten, die nicht nur platzsparend, sondern auch sehr bequem sind. Meistens werden diese Betten von Familien mit Kindern bevorzugt.

Es ist oft gar nicht so leicht, das richtige Bettmodell für sich zu finden, denn jede Variante hat ihre eigenen Vor- und Nachteile.

Hack 25 – Planen Sie Ihr „mobiles Schlafzimmer"!

Überlegen Sie sich einmal, was Ihnen beim Schlafen unterwegs eigentlich besonders wichtig ist. Möchten Sie ein Schlafzimmer mit abgetrennter Tür haben? Soll der Schlafraum also vom Wohnraum deutlich separiert sein? Wenn Sie beispielswiese mit Kindern reisen, kann das ein unschätzbar großer Vorteil sein.

Machen Sie gern eine Pro- und Kontra-Liste, dann wissen Sie im Vorfeld, wonach Sie genau suchen sollten.

Es ist unerlässlich, dass Sie bei solchen

Grundbedürfnissen wie dem Schlafen keine Abstriche machen! Sie sollen sich im Campingmobilurlaub schließlich bestens erholen und entspannen und da gehört natürlich unbedingt guter Schlaf mit dazu.

BAD UND DUSCHE

Wenn es um die Platzeffizienz geht, wird sich häufig die Frage gestellt: „Duschkabine: ja oder eher nein?"

Bei diesem Thema geht die Meinung der Campingliebhaber sehr weit auseinander! Die einen nutzen ganz selbstverständlich die Bord-Toilette und das kleine Bad im Wohnmobil, andere wiederum verkaufen ein Wohnmobil nach vielen Jahren der Nutzung mit einer jedoch nie verwendeten Toilette und Dusche.

Wenn Sie vor allem auf großen Campingplätzen unterwegs sind, stehen Ihnen dort Toiletten und Duschräume zur freien Verfügung. Möchten Sie irgendwo in der freien Natur campen, dann ist eine Dusche natürlich nicht nur sinnvoll, sondern für die Körperhygiene auch äußerst wichtig. Zwar haben Sie dann oftmals die Möglichkeit, in öffentlichen Schwimmbädern oder an Raststätten Ihrer Körperpflege nachzugehen, doch das ist wirklich nicht jedermanns Sache!

Alternativ kann eine Solardusche installiert werden: Eine solche Dusche kann an einen handelsüblichen Gartenschlauch angeschlossen werden. Sie hat einen integrierten Wassertank, in dem das Wasser mithilfe der Sonnenenergie erwärmt wird.

Einige Wohnmobilreisende waschen sich in Bächen und Seen: Hierbei muss jedoch unbedingt daran gedacht werden, ausschließlich biologisch abbaubare Pflegeprodukte zu verwenden, um die Umwelt nicht mit schädlichen Tensiden und weiteren Stoffen zu belasten!

Wenn es um die Intim- und Körperpflege geht, müssen Sie selbst entscheiden, welche Sanitäreinrichtung dringend erforderlich ist und in welchem Fall Sie überhaupt nicht dazu bereit sind, Kompromisse einzugehen.

Ähnlich wie bei den Betten gibt es auch in puncto Bad viele verschiedene Komfortlevels. Im Grunde spricht nichts dagegen, die Dusche im Wohnmobil zu nutzen. Natürlich ist sie etwas enger als die Dusche in den heimischen vier Wänden, doch mit ein wenig Übung werden Sie sogar noch zu einem umweltbewussten Wassersparer! Dank der Fenster und der integrierten Entlüftung stellt selbst Feuchtigkeit gar kein Problem dar. Lüften Sie daher nach dem Duschen gründlich durch, damit die Feuchtigkeit entweicht und das Bad in kurzer Zeit wieder trocken wird.

Die Toilette muss nach der Benutzung selbstverständlich sachgemäß entleert werden und davor ekeln sich viele Menschen. Falls das für Sie gar nicht in Frage kommt, müssen Sie auf externe Toiletten ausweichen.

FAHRRADTRÄGER

Wenn Sie Ihre Fahrräder oder gar Ihr Motorrad mit in den Urlaub nehmen wollen, dann haben Sie drei Möglichkeiten, um das zu tun:

1. Sie können beides in der Heckgarage Ihres Wohnmobils transportieren, doch für diesen Zweck muss diese natürlich die ausreichende Kapazität aufweisen.
2. Sie können die Fahrräder auf einem externen Fahrradträger am Heck des Wohnmobils transportieren.
3. Sie können einen Anhänger mit einer entsprechenden Anhängerkupplung verwenden.

Überlegen Sie sich das im Vorhinein ruhig genauer, denn das kann Ihre Platzeffizienz im Innenraum des Wohnmobils steigern.

SITZEN IM INTERIEUR

Ähnlich, wie die Anzahl der Betten im Vorfeld exakt durchdacht werden muss, ist auch die Anzahl der Sitzgelegenheiten gut zu kalkulieren! Sie sollten unbedingt darauf achten, dass Ihr Wohnmobil genügend Sitzplätze für alle Reisenden hat, vielleicht auch ein paar mehr, als eigentlich benötigt werden. Jeder Mitreisende muss einen festen Platz haben, an dem er sich auch anschnallen kann.

Die Anzahl der Schlafplätze muss mit der Anzahl der vorhandenen Sitzgelegenheiten nicht zwangsläufig übereinstimmen.

Das Thema Sitzplatz ist außerdem von besonderer Bedeutung, wenn Sie einen Hund mit an Bord haben. Dazu nachher noch mehr.

STAURAUM & HECKGARAGE

Ausreichend Stauraum ist von sehr großer Bedeutung für Wohnmobilfahrten: Sie brauchen genügend Platz für Bekleidung, für Essensvorräte, für Technik, Sportausrüstung, Spielzeug und vieles mehr.

Für die grundlegenden Erfordernisse ist der vorhandene Stauraum in den meisten Wohnmobilen absolut ausreichend.

Sobald es jedoch darum geht, den Gartengrill,

Fahrräder und eine größere Sportausrüstung mitzunehmen, sollten Sie genau prüfen, ob Sie das in Ihrem Wohnmobil tatsächlich unterbringen können. An vielen Orten können Sie Fahrräder, Skier oder Stand-up-Paddle-Boards vor Ort, also am Urlaubsziel, mieten. Dann müssen Sie diese Dinge nicht von zu Hause mitnehmen.

Viele Reisemobile verfügen über eine Art Heckgarage: Hierbei handelt es sich um einen großen Stauraum, der oftmals von außen beidseitig zugänglich ist.

Manche Wohnmobile haben sogar eine Art Keller: Es gibt also dank eines doppelten Bodens eine großartige Staufläche unter dem Wohnraum des Wohnmobils.

Hack 26 – Erstellen Sie eine Packliste!

Erstellen Sie vor der Reise unbedingt eine Packliste, damit Sie übersichtlich auf einen Blick abschätzen können, wie viel Platz Sie ungefähr an Bord benötigen.

Nur, weil Platz in Ihrem Wohnmobil vorhanden ist, heißt das noch nicht, dass Sie jeden kleinsten Winkel vollständig ausnutzen können. Prüfen Sie daher genau das Zuladungsgewicht Ihres Fahrzeugs.

Sollten Sie zu viel Gepäck mitnehmen müssen oder wollen, können Sie sich Informationen über eine mögliche Wohnmobilnachrüstung einholen.

Falls Sie beim Kauf Ihres Wohnmobils noch nicht genau wissen, welche Reiseziele Sie mit dem Mobil künftig besuchen werden, ist das nicht weiter schlimm. Es gibt, wie gesagt, attraktive Nachrüstungsoptionen.

Sicherheit – rund um das Wohnmobil

Wer mit dem Wohnmobil reist, muss zum Teil mit einigen Sicherheitsrisiken rechnen. Diese sollten Sie sich im Vorfeld vor Augen führen, damit Sie im schlimmsten Fall nicht zu sehr von einer solchen Situation überrascht werden.

EINBRUCH

Das ist etwas, wovor sich die meisten Camper fürchten, nämlich dass Wertgegenstände, Bargeld oder persönliche Dokumente aus dem Wohnmobil entwendet werden. Das an sich wäre schon ärgerlich genug, doch ein Einbruch ist oftmals zusätzlich mit zerstörten Schlössern und eingeschlagenen Fenstern verbunden. Mit zusätzlichen Türschlössern, Alarmanlagen und Ähnlichem können Sie sich jedoch effektiv vor solchen Einbrüchen schützen.

DIEBSTAHL DES REISEMOBILS

Bedauerlicherweise kommt auch dies immer wieder vor, doch durch ein umsichtiges Verhalten können Sie einem solchen Risiko effizient entgegenwirken. Mit speziellen GPS-Trackern, Wegfahrsperren fürs Wohnmobil und Alarmanlagen können Sie Ihr Sicherheitsgefühl maßgeblich steigern. Auch eine Diebstahlversicherung gibt Ihnen das nötige Sicherheitsgefühl für unterwegs.

FINGIERTE PANNEN

Seien Sie vorsichtig, wenn Sie Pausen machen, so zum Beispiel kurze Stopps an Autobahnraststätten oder Tankstellen einlegen. Solche Kurzstopps reichen vielen Betrügern aus, um fingierte Situationen zu inszenieren.

Manchmal legt sich ein Betrüger in einem kurzen Moment der Unachtsamkeit unter die Motorhaube Ihres Wohnmobils und klemmt dort ein Kabel ab.

Daraufhin fährt das Wohnmobil nicht mehr richtig

und genau in diesem Moment kommt ein Abschleppdienst vorbei, der Ihnen Hilfe anbietet. Wenn Sie dann darauf eingehen, gelangen Sie zwar zu einer Werkstatt, die Ihr Wohnmobil wieder fahrtüchtig macht, allerdings zu exorbitanten Preisen!

In vielen Fällen wird nur ein Teil ausgebaut, neu lackiert und einfach wiedereingesetzt. Solche Situationen passieren oft im Ausland, so zum Beispiel in Ländern wie Kroatien oder Serbien.

Hack 27 – Schützen Sie sich vor Betrügern!

Lassen Sie das Wohnmobil auf Rastplätzen nicht aus den Augen. Auch wenn Sie gerade tanken, kann ein Mitreisender mit Ihnen aussteigen, um das Wohnmobil umherspazieren und somit Betrügern erst gar nicht die Gelegenheit zu solchen Taten geben!

Hack 28 – Schließen Sie eine Mobilitätsversicherung ab!

Kümmern Sie sich rechtzeitig vor dem Urlaubsantritt um eine Versicherung in einem Automobilclub wie etwa dem ADAC. Falls Sie unterwegs eine Panne haben, erhalten Sie von diesem schnelle Hilfe – ebenfalls im Ausland!

AUFGEPASST VOR FALSCHEN POLIZISTEN!

Oftmals sind im Ausland falsche Polizisten unterwegs.

Seien Sie skeptisch und geben Sie nicht jedem automatisch Auskunft, der eine Uniform trägt. Verlangen Sie einen Dienstausweis des Beamten und zahlen Sie nicht einfach irgendwelche vermeintlichen Strafzettel oder Pauschalen. Informieren Sie sich vor der Reise genau darüber, wie Polizeiautos aussehen in dem Land, in das Sie reisen oder das Sie auf dem Weg zu Ihrem Reiseziel durchqueren.

SO SCHÜTZEN SIE SICH VOR DIEBSTAHL

Mit folgenden Hacks können Sie Ihr Wohnmobil vor listigen Langfingern schützen:

Hack 29 – Alarmanlagen zum Nachrüsten!

Einige Alarmanlagen können Sie vollständig an das Bordnetz Ihres Wohnmobils anschließen und damit alle Fahrzeugtüren sichern. Diese Alarmanlagen gibt es bereits kostengünstig ab einem Preis von circa 40 Euro zu kaufen. Für ein sehr gutes Alarmsystem sollten Sie jedoch mehr Geld in die Hand nehmen. Hier lohnen sich Investitionen von bis zu 200 Euro!

Hack 30 – Setzen Sie auf eine GPS-Ortung!

Ein Ortungssystem ist unfassbar wichtig, wenn das gesamte Wohnmobil gestohlen wurde! Über eine solche GPS-Ortung können Sie das Fahrzeug sofort aufspüren.

Sie können sich den Standort des Wohnmobils über eine SIM-Karte regelmäßig an eine Telefonnummer Ihrer Wahl senden lassen.

Eine solche GPS-Ortung gibt es bereits ab 50 Euro.

Hack 31 – Besorgen Sie sich eine Parkkralle!

Das ist eine vergleichsweise preisgünstige Sicherheitsmaßnahme, dennoch eine sehr effektive! Eine Parkkralle eignet sich vor allem dann, wenn Sie Ihr Wohnmobil längere Zeit unbeaufsichtigt abstellen. Der Kostenpunkt für eine solche Parkkralle liegt zwischen 20 und 130 Euro.

Hack 32 – Investieren Sie in ein Kamerasystem!

Teure Varianten können sogar Bilder via WLAN an Ihr Smartphone oder Ihren PC senden. Spezielle Wildkameras reagieren sehr gut auf Bewegung – selbst in der Nacht via Infrarot. Allerdings lösen diese Kamerasysteme keinen Alarmton aus.

Hack 33 – Besorgen Sie sich Zusatzschlösser!

Das ist eine sehr nützliche Sicherheitsmaßnahme!

Solche Schlösser gibt es im Grunde für jede Tür des Wohnmobils und das bereits in sehr kostengünstigen Varianten zwischen 70 und 90 Euro pro Türschloss.

Hack 34 – Holen Sie sich einen Wohnmobiltresor!

Wertgegenstände, Schmuck, Bargeld und wichtige Dokumente sollten Sie in einem fest installierten

Wohnmobiltresor deponieren.

Hack 35 – Sorgen Sie für ausreichend Außenbeleuchtung!

Solche Außenbeleuchtungen schrecken sehr gut Diebe und Einbrecher ab. Hier können Sie sehr leicht nachrüsten, zum Beispiel mit einem integrierten Bewegungsmelder.

Hack 36 – Wohnmobilsicherung für den Tag und die Nacht!

Auch tagsüber sollten Sie die Türen des Wohnmobils nach innen hin sichern, zum Beispiel mit dafür eigens vorgesehenen Ketten oder Spanngurten.

Sicherheit betrifft nicht nur Ereignisse wie Diebstähle, sondern auch Vandalismus und Naturereignisse. Wer mit dem Wohnmobil unterwegs ist, hat häufig teures technisches Equipment dabei, beispielsweise eine teure Kamera, Smartphones, Notebooks und vieles mehr. Werden diese Gegenstände gestohlen oder durch Naturkatastrophen wie zum Beispiel einen Brand zerstört, kann das extrem teuer werden.

In den heimischen vier Wänden sind solche Geräte durch die Hausratversicherung ausreichend geschützt. Für Camper und Reisende gibt es hierfür die sogenannte **Inhaltsversicherung**. Informieren Sie sich genau über eine solche Versicherung und über die abgedeckten Versicherungsleistungen.

Weiterhin können Sie große Campingplätze bevorzugen, die über eine Videoüberwachung verfügen. An manchen Campingplätzen gibt es sogar Ordnungskräfte, die nachts auf dem Gelände nach dem Rechten schauen!

Der Selbstausbau des Wohnmobils

Ein selbst ausgebautes Campingmobil ist perfekt für alle Campingfans, denn damit können sie ihre ganz eigenen Vorstellungen, Ideen und Wünsche in Bezug auf ihr Mobil in die Realität umsetzen. Ein solcher Selbstausbau ist selbst dann gut möglich, wenn ein eher knappes Budget zur Verfügung steht: Die Grundvoraussetzung ist jedoch die Freude am Basteln und Handwerken!

Wenn es um den Selbstausbau geht, spielt es keine Rolle, ob ein Bus, ein Van, ein Kombi oder ein herkömmlicher Transporter verändert werden soll. Ebenso ist es unerheblich, ob das Fahrzeug neu oder schon gebraucht ist. Auch ein Oldtimer kann noch problemlos umgebaut werden. Häufig sind gebrauchte Fahrzeuge bei der Umsetzung solcher Vorhaben deutlich günstiger. Das beginnt bereits bei der Anschaffung.

Worauf es im Wesentlichen ankommt, ist, dass für die geplanten Umbauten ausreichend Platz vorhanden sein muss.

Sehr beliebte Selbstausbau-Modelle sind zum Beispiel der Mercedes Sprinter oder der Kastenwagen Citroën Jumper.

SO KLAPPT DER SELBSTAUSBAU – VON DER IDEE ÜBER DIE PLANUNG BIS HIN ZUR UMSETZUNG

Den Selbstausbau eines Wohnmobils sollten Sie im Allgemeinen nicht unterschätzen. Sie benötigen reichlich Zeit für die Ideenkonzeption, für die genaue Planung und ebenso natürlich für den eigentlichen Aus- und Umbau. Eine gründliche Planung ist das entscheidende Fundament, damit alle Wünsche und Anforderungen ausreichend berücksichtig werden können.

Überlegen Sie:

- Welches Budget steht Ihnen für dieses Vorhaben zur Verfügung?

- Wie viel Zeit haben Sie für dieses Projekt?
- Welches handwerkliche Know-how bringen Sie mit?
- Wo brauchen Sie Unterstützung oder Informationen von einem Profi?

Die meisten Menschen erfüllt es mit sehr viel Freude und Stolz, wenn sie mit einem selbst ausgebauten Wohnmobil umherreisen können.

Doch der Urlaub beginnt für solche Campingfans nicht erst bei der Abfahrt, sondern schon in der ersten Sekunde des Umbaus in der heimischen Garage.

Prüfen Sie also genau, ob Sie einen Selbstausbau wagen möchten oder lieber doch ein fertiges Wohnmobil mieten oder kaufen. Dies hängt ganz entscheidend davon ab, welcher Typ Sie sind. Gerade dann, wenn Sie noch keinerlei Erfahrung im Campen gemacht haben, kann es hilfreich sein, erst einmal ein Wohnmobil zu mieten.

Handwerkliches Geschick sowie das nötige Budget sollten bei Ihrer Planung eines Selbstausbaus unbedingt abgewogen werden.

Haben Sie sich dann für einen Selbstausbau entschlossen, können Sie einen Profi zu Rate ziehen oder entsprechende Tutorials sichten.

Ein Selbstausbau kann sich zum Beispiel vor allem

dann auszahlen, wenn einfach nicht das Richtige für Sie mit dabei ist. Viele haben ganz spezielle Wünsche oder Vorstellungen und nicht immer sind fertige Wohnmobile mit allem ausgestattet, wovon das Camper Herz träumt. Hier bietet sich natürlich die Selbstausbau-Variante an, denn in einem solchen Fall sind der eigenen Kreativität kaum Grenzen gesetzt.

Ein sinnvoller erster Schritt ist die Anschaffung eines virtuellen Planungstools. Mithilfe einer solchen Software kann man mit nur wenigen Mausklicks den Grundriss des Fahrzeuges auswählen und diverse Ausbaumöglichkeiten simulieren.

Die Möbel, die für den Wohnmobil-Innenausbau benötigt werden können zum Beispiel nach Maß gekauft, selbst gebaut oder geschreinert werden.

In puncto „Wohnmobil-Selbstausbau" finden sich online auch viele Influencer, die in Online-Videos wertvolle Tipps und Tricks geben.

Die nötige Ausstattung

Bevor es nun richtig losgehen kann, braucht es durchdachte Pack- und Checklisten, damit Sie nichts vergessen, was Sie später am Reiseziel und unterwegs benötigen könnten.

Experten empfehlen eine Grundausstattung, insbesondere für Campingmobil-Einsteiger. Hierzu gehören Dinge, die für das Camping essenziell wichtig sind. Die meisten Anschaffungen müssen Sie nur einmal zu Beginn tätigen, anschließend bleiben sie ein fester Bestandteil des Equipments.

Bestimmte Dinge müssen Sie nach einer gewissen Zeit erneuern oder austauschen, so zum Beispiel Glasflaschen für den Frischwasserzusatz.

Doch bis die Zeit dafür gekommen ist, sind Sie bereits ein absoluter Campingprofi und wissen genau, was Sie brauchen und woher Sie es bekommen.

GRUNDAUSSTATTUNG

Essenzielle Utensilien an Bord

- Reisepass und Personalausweis: Legen Sie den Pass ins Geheimfach und den Personalausweis in den Geldbeutel
- KFZ-Schein
- Bargeld
- EC- und Kreditkarte (jedoch nur im Geldbeutel)
- Autoschutzbrief
- Automobilclub-Versicherung
- Grüne Versicherungskarte für das Ausland

Must-haves für Campingeinsteiger – die Grundausstattung

- Stromanschlusskabel (CEE-Anschluss)
- Verlängerungskabel
- Gasflasche
- Füllstandssensor zur Überprüfung des Gasstandes
- Abwasserschlauch
- Spaten
- Spezieller Abwassertank
- Gießkanne für die Befüllung des Wohnmobilwassertanks (alternativ ein

Frischwasserschlauch)

- Bremskeile
- Hygieneartikel für das Camping-WC
- Leiter
- Landkarten
- Sonnenschutzfolie für die Frontscheibe
- Hochqualitatives Starthilfekabel
- Sprit-Reservekanister
- Schneeschaufel für das Wintercamping
- Kehrbesen und Schaufel
- Handstaubsauger für die Sauberhaltung des Innenraums (vor allem Polster und schwer erreichbare Ecken)
- Wäscheleine und Wäscheklammern
- Vorzelt (vor allem dann, wenn Sie keine Markise an Ihrem Fahrzeug haben)
- Kissen
- Schlafdecken (jahreszeitabhängig)
- Sekundenkleber
- Ersatzglühbirnen
- Ersatzsicherungen
- Wäschekorb oder -beutel für Ihre Schmutzwäsche
- Grundlegender Handwerkzeugbedarf wie Nägel, Hammer, Schraubenzieher & Co.
- Kabelbinder
- Sonnensegel inklusive Stangen aus einem stabilen

Material
- Fußmatte
- Taschenlampe inklusive Wechselbatterien
- Ordnungskörbe und Boxen für den Innenraum
- Putzmittel
- Vorratsboxen für Nahrungsmittel

Sicherheitsgrundausstattung

Auch bezüglich der Sicherheit gibt es eine Grundausstattung für das Wohnmobil. An diesen grundlegenden Dingen sollten Sie keinesfalls sparen, sondern sie in hochwertiger Qualität vor dem Reisebeginn anschaffen.

Vergessen Sie nicht, dass diese Dinge einen wesentlichen Beitrag zu Ihrer Sicherheit und der Ihrer Mitreisenden beitragen.

Sie sollten diese Grundausstattung für die Sicherheit so verstauen, dass Sie sie im Notfall jederzeit und schnell parat haben.

- Rauchmelder
- Gasmelder
- Warnwesten
- Warndreieck
- Medizinischer Verbandskasten
- Abschleppseil (falls andere Teilnehmer im Straßenverkehr einmal Ihre Hilfe benötigen)

- Reparaturwerkzeug wie zum Beispiel Reifenflickset, Radkreuz und Wagenheber
- Ersatzrad fürs Wohnmobil mit richtigem Luftdruck
- Rampen und Anfahrkeil
- Power-Tape / Universalklebeband
- Löschdecke
- Löschspray
- Feuerlöscher

Elektrogrundausstattung, Technik & Navigation

- Stromumwandler
- Navigationsgerät
- Ladegerät für technische Geräte wie Notebook, Smartphone (eventuell Powerbank)
- Fotoapparat inklusive Speicherkarten
- Solarleselampen
- Kopfhörer für Mitreisende
- Ersatzbatterien und Akkus
- Datenkabel und Stromkabel
- Internetmöglichkeit im Reisemobil
- Notizblock und Kugelschreiber

Grundausstattung für die Körperpflege beim Campen

Jeder Mensch stellt unterschiedliche Anforderungen an seine Körperhygiene und braucht somit andere Pflegeartikel. Doch bestimmte Dinge zählen quasi zur

Grundausstattung im Wohnmobil:

- Feuchte Reinigungstücher
- Feuchtes Toilettenpapier
- Toilettenpapier
- Seife
- Handtücher
- Waschmittel
- Badeschlappen für die Benutzung öffentlicher Camping-Sanitäranlagen
- Strandtücher
- Waschlappen
- Shampoo
- Cremes
- Duschgel
- Zahnpasta
- Zahnbürste
- Desinfektionsspray
- Sonnenschutz
- Insekten- beziehungsweise Mückenschutz
- Haartrockner
- Wasserdichte Kosmetiktasche
- Wasserdichte Beutel für die Wechselbekleidung und die Handtücher für öffentliche Camping-Waschhäuser
- Damenhygieneartikel wie Tampons
- Windeln für Säuglinge

DIE RICHTIGE LEBENSMITTELAUFBEWAHRUNG

Wohnmobile haben im Grunde sehr modern ausgestattete Küchen, die ein sehr abwechslungsreiches Essen und Kochen ermöglichen. Ein paar Überlegungen und Vorbereitungen sind im Vorfeld zwar schon notwendig, doch Sie werden sehen, dass sich die Mühen mit Sicherheit auszahlen. Denn auch während eines Campingmobilurlaubs müssen Sie und Ihre Mitreisenden auf absolut nichts verzichten.

Kochen im Reisemobil – Grundlegendes

Bei der Auswahl der Nahrungsmittel müssen Sie einiges beachten:

- Entscheiden Sie sich für Produkte mit einer längeren Haltbarkeit, also am besten nichts, was schon nach wenigen Tagen verdorben sein könnte.
- Suchen Sie sich im Vorhinein interessante Rezepte, die gut schmecken und langanhaltend sättigen. Einige Inspirationen finden Sie übrigens in unserem Bonus-Kapitel am Ende des Buches.
- Wählen Sie Nahrungsmittel, die Sie unkompliziert lagern können und die nicht viel Platz wegnehmen.

Kochtipps für den Urlaub im Wohnmobil

Die Auswahl an geeigneten Nahrungsmitteln und Rezeptkreationen für leckere Campinggerichte ist wesentlich breitgefächerter, als viele Reisende glauben.

Auf folgende Produkte sollten Sie auch unterwegs nicht verzichten:

- **Gewürze**

  Sparen Sie nicht am Einkauf von Nahrungsmitteln, bevor Sie mit Ihrem Wohnmobil starten. Kaufen Sie dabei reichlich Gewürze, denn damit veredeln Sie unterschiedliche Speisen und sorgen für besondere geschmackliche Highlights und Vielfalt.

  Essenziell wichtig sind Salz, Kräuter, Ingwerpulver und Pfeffer. Auch Curry, Kurkuma, Paprika- und Chilipulver sollten nicht fehlen, vor allem dann, wenn Sie es gern ein wenig schärfer mögen.

> Tipp: Es gibt im Handel viele fertige Gewürzmischungen, die zu den unterschiedlichsten Gerichten passen, so etwa zu Nudelgerichten oder frischen Salaten.

- **Kartoffeln**

  Kartoffeln sind vielseitig in der Küche einsatzbar und ein wahrer Allrounder: Sie können Kartoffeln sowohl als Hauptgericht als auch als Beilage verarbeiten, zum Beispiel zu einem frisch gefangenen Fisch! Auch als Basis für ein Omelett sind Kartoffeln bestens geeignet.

- **Nudeln**

  Nudeln sind ebenfalls ein Klassiker, der in keiner Campingküche fehlen darf. Nicht nur die Kleinen lieben Pasta, sondern auch die Erwachsenen. Nudeln in allen Variationen – von Spaghetti Bolognese bis hin zu Lasagne – sättigen ausgezeichnet und schmecken jedem.

- **Reis**

  Ähnlich wie Nudeln ist auch Reis ein Grundnahrungsmittel für die Wohnmobilküche.

- **Couscous und Hülsenfrüchte**

  Ganz egal, ob als Salat, als Grundlage für eine leckere Gemüsepfanne oder einfach als Beilage: Couscous ist ein Nahrungsmittel, das sehr schnell und unkompliziert zubereitet werden kann und sich äußerst vielseitig verwenden lässt.

  Hülsenfrüchte sind ebenfalls sehr gut geeignet, denn Sie können viele köstliche Gerichte daraus zubereiten. Hierzu gehören zum Beispiel Kichererbsen. Diese sind eine perfekte Grundlage für köstliche Falafel, aber auch eine sehr sättigende und beliebte Salatbeilage. Diese orientalische

Spezialität sollten Sie auch auf Reisen mit Ihrem Wohnmobil genießen.

- **Tomaten aus der Dose**

  Dieses Nahrungsmittel verleiht diversen Gerichten einen frischen mediterranen Geschmack. Setzen Sie sie unbedingt auf die Einkaufsliste, ebenso wie kleine Möhren und Mais aus der Dose.

- **Obst und Gemüse**

  Nehmen Sie außerdem Früchte und Gemüse mit an Bord, so zum Beispiel Äpfel, Birnen, Blumenkohl, Kohl, Eisbergsalat und vieles mehr. Nüsse, Samen und Kerne lassen sich gut lagern und sind sehr gesund. Auch Kühlprodukte können natürlich in den Kühlschrank mit an Bord.

  Kakao, Müsliflocken und Knabbergebäck sollten auf Reisen ebenso wenig fehlen.

Mit dem richtigen Equipment unterwegs lecker kochen

Die beste Nahrungsmittelauswahl hilft einem überhaupt nicht weiter, wenn die nötigen Kochutensilien in der Bordküche fehlen.

Zur absoluten Grundausstattung gehören eine gute Pfanne und ein Topf ins Wohnmobil.

Hack 37 – Kochutensilien besorgen!

Besorgen Sie Pfannen mit abnehmbaren Griffen, denn

diese können Sie direkt nach der Benutzung platzsparend in den Schränken verstauen.

Ebenso wichtig ist das passende Kochgeschirr: Sie benötigen ein Camping-Topfset, das mehrere Töpfe umfasst, die sich ineinander stapeln lassen. Auch ein faltbares Nudelsieb erweist sich als äußerst nützlich. Die Pfannen und Töpfe sollten sehr robust sein, dennoch ein geringes Eigengewicht besitzen. Ein sehr gern verwendetes Topfmaterial für unterwegs ist Aluminium oder Edelstahl.

Vergessen Sie Teller, Tassen, Gläser und eine Salatschüssel nicht!

Hack 38 – Das richtige Kochgeschirr!

In Bezug auf Geschirr setzen die meisten Wohnmobilreisenden auf Melamin und das völlig zu Recht: Dieses Material ist sehr widerstandsfähig und leidet nicht, selbst wenn die Fahrt mal etwas wilder und holpriger ausfallen sollte.

Damit müssen Sie gewiss keinen Scherbenhaufen befürchten.

Übrigens: Denken Sie zudem an elektrische Geräte wie einen Stabmixer, ein Handrührgerät und natürlich einen Wasserkocher! Wenn Sie möchten, können Sie auch einen Milchaufschäumer und einen Toaster mit an Bord nehmen.

Für die meisten Wohnmobilreisenden gehört außerdem eine kleine Filterkaffeemaschine zur Küchengrundausstattung.

Wie viele Töpfe, Pfannen, Teller, Gläser & Co. Sie mit an Bord nehmen, hängt vor allem von der Anzahl der Mitreisenden ab.

Hack 39 – Sichern Sie Ihr Geschirr!

Das Geschirr sollte während der Fahrt nicht hin und her wackeln: Es braucht also unbedingt

einen festen Halt. Insbesondere mit Porzellan und Glas sollten Sie sehr vorsichtig umgehen, damit es nicht zu Scherben kommt und sich keiner daran verletzt.

Im Idealfall verzichten Sie auf zerbrechliche Materialien: Mit Kunststoff sind Sie beispielsweise auf der sicheren Seite.

Basisausstattung für die Küche im Wohnmobil

- Teller – flache sowie tiefe Suppenteller
- Tassen
- Wein-, Bier-, Schnaps- und vor allem Wassergläser
- Schneidebrettchen
- Brotmesser, Gemüsemesser, Käsemesser
- Schälchen für Salat
- Große Salatschüssel
- Grundbesteck – Gabel, Löffel, Messer, Schöpfkelle, Dessertgabeln, Dessertlöffel

- Schere
- Dosenöffner, Flaschenöffner, Korkenzieher
- Gemüseschäler
- Reibe
- Töpfe und dazugehörige Deckel
- Pfannen und dazugehörige Deckel
- Pfannenwender
- Salatbesteck
- Grillzange
- Frischhaltefolie
- Brotdose
- Gefrierbeutel
- Alufolie
- Tupperdosen
- Küchenrolle
- Mülleimerbeutel
- Spüllappen
- Schwamm
- Klappbares Abtropfgestell
- Geschirrtücher
- Wasserkocher
- Thermoskanne
- Grill
- Eventuell: mobile Induktionsherdplatte (Achten Sie hierbei jedoch darauf, dass Sie dazu passende Töpfe verwenden.)

Die richtige Verpflegung unterwegs

Leidenschaftliche Campingfans wissen ganz genau: Kochen unterwegs im Wohnmobil kann eine sehr große Herausforderung sein.

Daher möchten wir Ihnen an dieser Stelle einige tolle Hacks mit auf den Weg geben:

Hack 40 – Nicht während der Fahrt kochen!

Rein technisch betrachtet ist Kochen während der Autofahrt kein Problem, doch es ist absolut nicht empfehlenswert! Ein abruptes Lenk- oder Bremsmanöver und schon verselbstständigen sich Töpfe und Pfannen – mitsamt dem kochend heißen Inhalt!

Und das kann richtig gefährlich werden. Daher lautet

die oberste Regel: Gekocht wird einzig und allein auf dem Rast- oder Campingplatz!

Hack 41 – Sauberkeit in der Wohnmobilküche!

Die Sauberkeit ist grundlegend wichtig: Nach jeder Benutzung sollten Sie die Kochstelle sorgfältig reinigen und aufräumen. Andernfalls wird sich die einst hygienisch saubere Küche schnell in ein begehrtes Heim für Insekten jeglicher Art verwandeln.

Hack 42 – Richtig kühlen unterwegs!

Die meisten Wohnmobile verfügen über einen Kühlschrank, doch dieser ist oft nicht ausreichend groß. Wer also Wert auf gekühlte Getränke legt, wird rasch ein Platzproblem bekommen, doch erfreulicherweise gibt es hierfür einige sinnvolle Alternativen. Sie können die Getränke zum Beispiel in dafür vorgesehenen Kühltaschen kühl halten. Sie können ebenfalls Ihren Kühlschrank mit einem mobilen Gefrierschrank aufrüsten oder Ihr Wohnmobil verfügt bereits über einen: Darin können Sie die Kühlakkus hineinlegen.

Hack 43 – Die richtige Getränkekühlung im See!

Wasserdicht verpackte Nahrungsmittel können Sie ebenfalls in kaltem Wasser kühlen: Bedecken Sie dafür die Flaschen mit einer Schicht Erdboden. Selbst in der prallen Sonne bleiben Bier, Limonaden & Co. auf diese Weise noch herrlich frisch.

Hack 44 – Trotzen Sie der Wegwerfgesellschaft!
Lassen Sie Essensreste nicht verkommen. Denken Sie daran: Nach der Mahlzeit ist vor der Mahlzeit! Achten Sie darauf, dass keine noch guten Essensreste im Müll landen. Sie können diese für einige Stunden gekühlt bestimmt noch lagern. Werfen Sie nicht gleich alles weg, vielleicht möchte es jemand später noch essen. Oder aber Sie können die Essensreste noch für die Zubereitung der nächsten Mahlzeit verwenden.

Ein weiteres bedeutsames Thema ist die Resteverwertung im Wohnmobil. Hierfür haben wir ebenfalls einige Hacks für Sie!

Hack 45 – Alte Brötchen wiederverwenden!
Aus alten Brötchen können Sie zum Beispiel Frikadellen zubereiten. Werfen Sie diese also nicht einfach weg. Auch als Ersatz für Paniermehl können sie dienen.

Hack 46 – Couscous- und Bulgur-Reste sinnvoll wiederverwenden!
Solche Reste können Sie noch wunderbar als Grundlage für köstliche Salate verwenden.

Hack 47 – Nudelreste nicht vorschnell entsorgen!
Auch übrig gebliebene Nudeln sollten nicht so rasch in der Mülltonne landen! Damit können Sie noch einen köstlichen Nudelsalat zubereiten oder mit einer leckeren

Tomatensoße mit mediterranen Kräutern ein ganz neues Nudelgericht kreieren, das Groß und Klein schmeckt.

Hack 48 – Bratkartoffeln nicht entsorgen!
Aus diesem Nahrungsmittel können Sie am nächsten Tag noch ein köstliches Omelett zubereiten.

Hack 49 – Reis clever wiederverwenden!
Wenn Reis nach einer Mahlzeit übrig bleibt, können Sie diesen ebenfalls erneut verarbeiten: Verfeinern Sie ihn mit Hähnchenfleisch, exotischen Gewürzen wie Curry oder Ingwer oder servieren Sie frische exotische Früchte dazu. Aus den Reisresten können Sie sowohl herzhafte als auch süße Gerichte zaubern.

Hack 50 – Pfannkuchen für die weitere Zubereitung verwenden!
Wenn vom Frühstück Pfannkuchen übrig bleiben, können Sie diese am nächsten Tag als Suppeneinlage nutzen. Schmeckt herrlich, probieren Sie es aus!

Hack 51 – Multitasking lohnt sich!
Sie können viel Platz sparen, wenn Sie das Kochequipment clever nutzen: So können Kaffeetassen ebenso als Dipschale dienen und Salate können genauso gut im Kochtopf angemacht werden, wenn für die große Salatschüssel kein Platz mehr in der Bordküche ist.

Die Reiseapotheke

Eine Situation, die sich gerade im Urlaub wohl niemand wünscht, ist es, krank zu werden. Im Urlaub möchte jeder Erholung, unvergessliche Erlebnisse, entspannende Momente am Strand, wandern oder einfach die Seele baumeln lassen.

Krank im Bett zu liegen, ist da eine schreckliche Vorstellung! Damit Sie in einem solchen Fall dennoch nicht unvorbereitet sind, ist es entscheidend, dass Sie die nötigsten Hausmittel und Medikamente mit an Bord haben. Dann sind Sie nämlich in der Lage, sich sofort bei den kleinsten Anzeichen zu helfen. Gerade in fernen Ländern ist es oftmals schwierig, zum Arzt zu gehen. Achten Sie deshalb unbedingt darauf, dass Sie die wichtigsten Medikamente dabeihaben, bei denen Sie sich von zu Hause bereits sicher sind, dass Sie sie gut vertragen.

Besorgen Sie Ihre Reisemedizin am besten in Ihrer örtlichen Apotheke: Die Mitarbeiter stehen Ihnen dort mit guten Ratschlägen zur Seite. So können Sie sicherstellen, dass Sie garantiert nichts Wichtiges vergessen.

Lassen Sie sich außerdem unbedingt von Ihrem behandelnden Hausarzt zu empfohlenen Schutzimpfungen beraten.

Hack 52 – Arzneimittel online shoppen!

In der Online-Apotheke können Sie vieles deutlich günstiger erwerben als in der Filiale, denn diese Versandapotheken haben keine so hohen Kosten für Ladenmiete, Mitarbeiter, etc. Informieren Sie sich ebenfalls online, was unterwegs nicht fehlen sollte, und bestellen Sie im Apotheken-Onlinehandel, wenn Sie etwas Geld sparen möchten.

Ganz egal, ob Sie in den Urlaub fliegen oder mit dem Wohnmobil fahren: Sie sollten Ihre Arzneimittelpräparate stets in einer sauberen und lichtgeschützten Medizintasche transportieren. So wissen Sie im Notfall gleich, wo sie zu finden sind.

CHECKLISTE FÜR DIE REISEAPOTHEKE

Präparate und Zubehör für die richtige Wundversorgung

- Pflaster
- Blasenpflaster
- Desinfektionsmittel für die Wunddesinfektion
- Sterile Kompressen
- Mullbinden
- Schmerzsalbe (Arnika-Salbe)
- Wund- und Heilsalbe (zum Beispiel mit Calendula)

Wirksame Hilfe gegen Magen-Darm-Beschwerden

- Mittel gegen Erbrechen und Durchfall
- Mittel gegen schmerzhafte Krämpfe
- Präparate gegen Verstopfung
- Mittel gegen Reiseübelkeit
- Mittel gegen Sodbrennen

Medizin bei Schnupfen und grippalen Beschwerden

- Mittel gegen Erkältungsbeschwerden bei Kindern und Erwachsenen
- Fieberthermometer
- Mittel gegen Husten

- Mittel gegen Schnupfenbeschwerden
- Nasentropfen und Präparate gegen schmerzende Nasennebenhöhlen
- Mittel gegen Ohrenschmerzen
- Fiebersenkende Medikamente wie zum Beispiel Paracetamol
- Schmerzstillende Medikamente wie etwa Ibuprofen

Die Reiseapotheke für die Haut

- Mittel gegen Insektenstiche
- Herpescreme und Herpes-Patches
- Aprés-Milch nach dem Sonnenbaden
- Lindernde Cremes und Salben gegen Sonnenbrand
- Schmerzstillende Gele und Salben

Sonstiges

- Ohrstöpsel (Ohropax)
- Zeckenzange
- Verbandsschere

Diese Checkliste dient natürlich allein der Orientierung. Sie können diese so anpassen, wie es für Sie und Ihre Mitreisenden am besten passt.

Wenn zum Beispiel niemand dabei ist, der unter Ohrenschmerzen leidet, und Ohrentropfen im Grunde nie benötigt werden, müssen Sie diese selbstverständlich nicht mit sich führen.

Des Weiteren ist es sehr wichtig, die Präparate richtig zu lagern, das heißt geschützt vor heißen Temperaturen und direkter Sonneneinstrahlung. Beachten Sie zudem immer das Haltbarkeitsdatum der Medikamente auf der Verpackung! Wenn dieses noch nicht abgelaufen ist und das Arzneimittel sachgemäß gelagert wurde, können Sie dieses auch im nächsten Wohnmobilurlaub noch mitnehmen.

Für kleine Kinder und Säuglinge brauchen Sie eine gesonderte Reiseapotheke. Fragen Sie hierfür den behandelnden Kinderarzt, was er Ihnen verordnen würde.

Lassen Sie sich von ihm bei Bedarf entsprechende Rezepte ausstellen.

So brauchen kleine Babys oftmals:

- Lindernde Präparate gegen Blähungen und schmerzhafte Koliken
- Fieberzäpfchen
- Kochsalzlösung zum Befeuchten der Nase und zur sanften Schnupfenbehandlung
- Beruhigendes und kühlendes Kamillengel gegen Zahnungsbeschwerden
- Salben gegen einen wunden Windelbereich
- Panthenol-Salbe gegen einen wunden Po
- Calendula-Creme
- Sanftes Mittel gegen Übelkeit und Erbrechen

- Elektrolyte bei Durchfallbeschwerden
- Fenistil Gel bei Insektenstichen
- Sonnenmilch für Kinder mit einem hohen Lichtschutzfaktor von 50+
- Kühlkompressen und Kühlgele
- Zäpfchen gegen Verstopfung

Hack 53 – Richtiger Umgang mit verschreibungspflichtigen Medikamenten!

Kopieren Sie am besten das Rezept für verschreibungspflichtige Medikamente und legen Sie dieses dann in die Medizintasche dazu. Auf Anfrage können Sie dann leicht nachweisen, dass Sie diese Medikamente für sich selbst oder Ihre Kleinen vom Arzt verschrieben bekommen haben.

DIE NATURHEILAPOTHEKE IM WOHNMOBIL

Für zahlreiche Beschwerden oder Verletzungen braucht es keine chemischen Arzneimittelpräparate. Die Natur bietet ein breitgefächertes Spektrum an Naturheilmitteln, die schnell Abhilfe und Linderung verschaffen. Gleichzeitig wird der Körper durch natürliche Mittel nicht so stark belastet.

Aus diesem Grund dürfen solche Naturheil- und

Hausmittel an Bord auf Reisen nicht fehlen.

Hack 54 – Setzen Sie ebenfalls auf natürliche Hausmittel!

Bei kleineren Leiden und Beschwerden sollten Sie auf jeden Fall auch auf die Kraft der Natur setzen! Es müssen nicht immer chemische Arzneimittel sein, denn diese belasten den Organismus oftmals sehr, vor allem die kleinen Körper von Kindern.

- **Backpulver** unterstützt Sie bei Blasenentzündungen und Sodbrennen
- **Teebaumöl** bei Hautproblemen, Entzündungsbeschwerden, Insektenstichen, Pilzen
- **Propolis** bei der Wunddesinfektion und der Linderung von Hautbeschwerden
- **Ingwer** bei Erkältung, Reiseübelkeit und Kopfschmerzbeschwerden
- **Frischer Salbei** bei Zahnschmerzen
- **Kamillen- und Pfefferminztee** bei Grippe und grippalen Infekten (Erkältungen)
- **Fencheltee** bei Bauchkrämpfen und Koliken

Der Umwelt zuliebe

Die größte Herausforderung in Bezug auf die Mülltrennung im Wohnmobil ist der sehr limitierte Platz. Auch die Mülltrennung auf dem Campingplatz muss ausreichend Berücksichtigung finden, denn diese variiert von Ort zu Ort.

Wichtig ist aber in jedem Fall, die Regeln der Mülltrennung und Müllentsorgung einzuhalten und somit einen nachhaltigen und umweltbewussten Campingurlaub zu verbringen.

Die Betreiber von Campingplätzen schreiben die Mülltrennung in der Regel sehr genau vor: Erkundigen Sie sich nach der Gelben Tonne, dem Gelben Sack oder dem Grünen Punkt und fragen Sie bei Unklarheiten nach.

Entsorgen Sie den Müll regelmäßig und lagern Sie

ihn nicht im Wohnmobil. Insbesondere in den heißen Sommermonaten fängt er schnell an zu riechen und sorgt zudem für eine unhygienische Umgebung.

Am besten gehen Sie an warmen Sommertagen mindestens einmal täglich zur Mülltonne. Deponieren Sie Ihren Abfall außerdem nur in gut verschließbaren Müllbeuteln.

RESTMÜLL-, PAPIER- UND BIOMÜLLENTSORGUNG

Entsorgen Sie Bio- sowie Restmüll nicht einfach an Rastplätzen, denn das ist sogar verboten. Die dort stehenden Mülltonen sind lediglich für Reiseabfälle gedacht, nicht aber für herkömmlichen Haushaltsmüll.

Wer Restmüll in öffentlichen Abfallbehältern entsorgt, begeht mit diesem Verhalten eine Ordnungswidrigkeit und muss im Fall des Falles ein Bußgeld in Höhe von bis zu 1.000 Euro bezahlen.

Ebenso müssen Sie Papiermüll richtig entsorgen. Auf Campingplätzen stehen dafür normalerweise entsprechende Tonnen zur Verfügung.

Papier und Pappe riechen nicht so intensiv wie Nahrungsmittelreste oder Konserven und Plastikpackungen, in denen sich Essensreste befinden. Daher müssen Sie Papiermüll nicht täglich entsorgen.

PLASTIKMÜLL

An einigen Orten muss der Plastikmüll in einer eigens dafür vorgesehenen Gelben Tonne oder einem Gelben Sack entsorgt werden. Andere Gemeinden schreiben wiederum die Entsorgung von Plastikmüll zusammen mit dem Restmüll vor.

Hack 55 – Müll geruchsfrei entsorgen!

Spülen Sie Plastikverpackungen ordentlich aus, denn so können sich keine unangenehmen Gerüche entwickeln. Wenn Sie keine Möglichkeit haben, leere Verpackungen auszuspülen, sollten Sie diese Behälter in diversen anderen Behältern und Tüten sammeln, so etwa in leere Gemüsetüten oder in die leere Nudelverpackung wickeln.

Hack 56 – Glas richtig entsorgen!

Glas können Sie ganz einfach in einem leeren Karton sammeln und dann zusammen mit der Pappe zum Altpapier beziehungsweise zum Glascontainer bringen. Lassen Sie vor allem dann, wenn Sie mit Kindern reisen, im Wohnmobil keine leeren Glasbehälter herumliegen. Diese könnten versehentlich auf den Boden geworfen und dort zur Verletzungsgefahr werden.

Die besten Hacks für die Mülltrennung auf kleinstem Raum

Vermeiden Sie Müll, wann immer es geht! Wenn Sie versuchen, so wenig Abfall wie nur möglich zu produzieren, dann müssen Sie sich automatisch nicht so viele Gedanken um die genaue Müllentsorgung machen. Informieren Sie sich am besten schon im Vorfeld darüber, welcher Mülleimer am besten zu Ihrem Wohnmobil passt. Es gibt Mülleimer unterschiedlicher Größen und Formen, so etwa Trennmülleimer, faltbare Mülleimer oder Einbaumülleimer.

Auf den Müll zu achten, ist nicht nur für die Umwelt von so großer Bedeutung, sondern vor allem auch dann von höchster Relevanz, wenn Sie mit Ihrem Vierbeiner reisen. Es könnte sein, dass Ihr Hund in einem Moment der Unachtsamkeit im Müll stöbert und sich an gewissen Abfallresten vergiftet. Verhindern Sie solche Situationen rechtzeitig, indem Sie den Punkt Mülltrennung ernst nehmen.

Hack 57 – Verwenden Sie klassische Stofftaschen für Ihre Einkäufe!

Das ist sehr nachhaltig, denn Sie können die Taschen immer wieder verwenden. Zudem sind Stofftaschen häufig resistenter als Plastiktüten, die schnell reißen können, wenn sie zu schwer befüllt werden.

Ebenso können Stofftaschen leicht in der

Waschmaschine gewaschen werden, falls mal etwas auslaufen sollte.

Hack 58 – Spülen Sie Gläser und Plastikbehälter aus!
Sie lassen sich praktischerweise in vielen Fällen gut wiederverwenden.

Hack 59 – Richtig einkaufen!
Kaufen Sie möglichst unverpackte Nahrungsmittel ein.

Hack 60 – Mülltrennung beginnt beim Einkauf!
Lassen Sie Umverpackungen, wie zum Beispiel Müslischachteln oder Plastikbehälter von Früchten, gleich im Supermarkt.

Hack 61 – Keine vorschnelle Entsorgung!
Verwenden Sie leere Nudeltüten oder sonstige leere Verpackungen als „Müllbeutel", zum Beispiel für Biomüll. Achten Sie aber bitte darauf, den Biomüll dann ordnungsgemäß zu entsorgen und auch die Abfallregelungen des Campingplatzes einzuhalten. Die Nudeltüte hat in der Bio-Abfalltonne natürlich nichts zu suchen.

Hack 62 – Verwenden Sie leere Konserven als „Mini-Mülleimer" (allerdings nur für jeweils einen Tag)!
Lagern Sie diese nicht zu lange, denn sonst kann es zu unangenehmer Geruchsbildung kommen.

Hack 63 – Benutzen Sie Altpapier als Einkaufszettel oder einfach als Notizzettel!

Das ist sehr nachhaltig und so können Sie Altpapier noch verwenden, bevor Sie es entsorgen. Nicht jede kleine Notiz oder jeder kleine Einkaufszettel braucht ein neues Blatt Papier.

Hygiene unterwegs

Hygiene muss im Urlaub großgeschrieben werden, denn das ist ein wesentlicher Bestandteil für die Gesunderhaltung des Körpers. Kaufen Sie Hygiene-, Reinigungs- und Pflegeartikel auf biologischer Basis, denn damit schonen Sie wesentlich die Umwelt.

Legen Sie sich einen Vorrat an Trinkwasser an. Sie sollten damit zwei bis drei Tage auch auf frei stehenden Campingplätzen zurechtkommen. Pro Person und Tag sollten Sie ungefähr mit drei Flaschen rechnen.

Hack 64 – Trinkwasser kostenlos nachfüllen!
In vielen Gemeinden und Städten können Sie an öffentlichen Trinkbrunnen Ihren Trinkwasservorrat kostenfrei wieder auffüllen.

Es gibt ebenso viele Restaurants und Cafés, die an solchen tollen Projekten teilnehmen. Achten Sie auf den entsprechenden „Refill"-Aufkleber an der Tür. Hier bekommen Sie Leitungswasser auch ohne Kleingeld!

Hack 65 – Nahrungsmittelvorrat bereithalten!

Halten Sie ebenso einen Lebensmittelvorrat für Frühstück, Mittagsmahlzeiten und Abendessen bereit. Denn falls Sie einmal frei stehen, Ihnen das Bargeld ausgeht oder Sie eventuell keine Einkaufsmöglichkeiten haben, sollten sie sich um die Mahlzeiten keine Gedanken machen müssen.

Frisches Wasser

Davon brauchen Sie im Grunde nicht viel, lediglich zum täglichen Zähneputzen, Kaffeekochen, Gesicht waschen und Kochen. Behalten Sie dennoch den Pegel des Frischwassers im Blick, damit Sie kein Trinkwasser als Ersatz verwenden müssen.

Falls Ihr WC oder Ihre Dusche über den Wassertank läuft, dann ist die Füllmenge natürlich von noch größerer Bedeutung.

Hack 66 – Abwasser!

Sobald sich eine Entsorgungsmöglichkeit fürs Abwasser bietet, sollten Sie diese direkt nutzen. Es kann nämlich schon lästig sein, wenn Ihr Wohnmobil aufgrund eines zu vollen Abwassertanks reichlich Sprit konsumiert. Des

Weiteren beginnt das Abwasser bei zu langer Lagerung sehr unangenehm zu riechen. Ergreifen Sie hier also rechtzeitig jede Chance!

Hack 67 – Müllentsorgung vor der Weiterfahrt!

Entsorgen Sie vor jeder Weiterfahrt Ihren Müll. Fahren Sie am besten nicht mit dem Abfall weiter, denn Sie wissen nicht, wo auf der Strecke sich noch eine Entsorgungsmöglichkeit bietet. Jede Raststätte können Sie dafür wie gesagt nicht einfach so nutzen. Und nichts ist schlimmer als faulender und übelriechender Abfall!

Hack 68 – Nasswäsche!

Nutzen Sie jede mögliche Gelegenheit, um nasse Bekleidung und nasse Handtücher zu trocknen. Bringen Sie auf keinen Fall unnötige Feuchtigkeit in Ihr Wohnmobil, denn das erhöht die Gefahr der Schimmelbildung.

Hack 69 – Toilette richtig leeren!

Sobald Sie eine Servicestation für die Entleerung der Toilette finden, sollten Sie diese in Anspruch nehmen. Diese Entleerungsstationen sind nicht ganz so häufig vorhanden, und wenn Sie frei stehen, gibt es keine Alternative für eine sachgemäße Entsorgung.

Für die Toilette gibt es zudem spezielle chemische Zusätze, die Sie nach jedem Toilettengang ins WC mit hineingeben sollten. Das unterstützt zum einen die

Zersetzung und mindert zum anderen die Geruchsbildung.

Hack 70 – Öffentliche Spülmöglichkeiten verwenden!

Damit Sie Ihren Abwassertank nicht mit Essensresten verstopfen, können Sie Ihr Geschirr an öffentlichen Spülen reinigen.

Hack 71 – Richtig abwaschen!

Bevor Sie Ihr Geschirr reinigen, können Sie dieses noch mit etwas Küchenpapier säubern. So laufen Sie keine Gefahr, dass der Abwassertank zu riechen beginnt, da noch Essensreste auf dem Geschirr vorhanden sind.

Hack 72 – Umweltbewusst abspülen!

Gerade wenn Sie in der Natur unterwegs sind, sollten Sie auf die richtigen Reinigungsprodukte setzen. Für das Spülmittel empfiehlt sich ein ökologisches. So haben Sie keine Probleme damit, falls etwas aus dem Abwassersammeltank in die Umwelt gelangen sollte.

Wäsche waschen

Für das kurze Waschen Ihrer Kleidung können Sie die öffentlichen Sanitäranlagen auf Campingplätzen nutzen. Hier sparen Sie gleichzeitig noch Wasser.

Hack 73 – Waschmaschine auf dem Campingplatz!

Es gibt einige Campingplätze, die öffentliche

Waschmaschinen anbieten. Hier können Sie gegen eine Gebühr Ihre schmutzige Wäsche waschen. Beachten Sie allerdings, dass Sie oftmals Ihr eigenes Waschmittel mitbringen müssen.

Das richtige Reiseziel finden

Es ist von großer Bedeutung, dass Sie sich vor Ihrem Urlaub Gedanken über Ihr Reiseziel machen. Nehmen Sie sich hierfür genügend Zeit und besprechen Sie diese Frage bei Bedarf mit den Mitreisenden. Überlegen Sie sich, wohin Sie gern fahren möchten, und suchen Sie sich verschiedene Campingplätze zur Auswahl heraus. Es ist hilfreich, wenn Sie stets alle Vor- und Nachteile abwägen, bevor Sie etwaige Überraschungen erleben.

Sie finden nachfolgend Campingplätze, die Ihnen eine kleine Hilfestellung oder ein Anreiz sein können. Für jeden Camper findet sich auch das passende Reiseziel.

DIE SCHÖNSTEN CAMPING-REISEZIELE IM INLAND

Ostsee

- **Insel-Camping auf Fehmarn und „Camping- und Ferienpark Wulfener Hals“**

  Diese beiden Campingplätze liegen auf der wunderschönen Insel Fehmarn in Schleswig-Holstein. Nicht nur bei Pauschalreisenden ist dieses Urlaubsziel beliebt, sondern auch bei Campern. Diese Campingplätze bieten Ihnen sowohl einen Ort der Erholung als auch beeindruckende Landschaften und Natur zum Wandern, Tauchen, Segeln oder Kitesurfen. Strandspaziergänge und die Kulinarik der Insel sorgen für wunderschöne Urlaube.

- **Campingplatz „Südsee-Camp“ bei Wietzendorf in der Lüneburger Heide**

  Diese Region ist einen Campingaufenthalt wert. In der wunderschönen Landschaft der Lüneburger Heide befindet sich eine Vielzahl an Wander- und Radwegen, die zum Verweilen einladen. Besonders in den Monaten August und September erstrahlt die Landschaft in einem unvergleichlichen Violett.

Nordsee

- **Campingplatz „Mühlenhof" in Morsum auf Sylt**

  Dieser Platz eignet sich besonders für Tierliebhaber. Hier sind Vierbeiner willkommen und können sogar eine in der Nähe gelegene Hundeschule besuchen. Der Campingplatz zeichnet sich durch eine idyllische Lage aus. Hecken und Bäume zieren diesen Platz und laden zu einem Erholungsurlaub ein.

- **Campingplatz „Wohnmobile-Ankerplatz" auf Föhr**

  Die Insel Föhr ist gerade bei Familien sehr beliebt. Hier finden Sie die frische Meeresbrise, weiße Strände und eine traumhafte Kulisse mit Dünen. Dieser Campingplatz befindet sich nur 300 Meter vom Strand entfernt. Sie können zu Fuß viele Restaurants und den nächsten Ort erreichen. Jeder Stellplatz verfügt über einen Stromanschluss, und nicht nur das: Hier sind auch Hunde willkommen!

Bayern & Bodenseeregion

- **Campingplatz „Hofbauer" am Chiemsee**

  Die wunderschöne Chiemgau-Region in Bayern lockt jährlich zahlreiche Touristen an. Besonders bei Campern ist dieses Fleckchen Erde sehr beliebt. Dieser Campingplatz bietet seinen Besuchern eine atemraubende Landschaft: Berge, Städte und auch

Seen sind im Chiemgau vertreten. Hier kommen Wanderer und Kletterer ganz besonders auf Ihre Kosten, doch schon das Spazierengehen durch diese Landschaft bringt Erholung und ein Gefühl von „Heimat".

- **„Campingpark Gitzenweiler Hof" oder „Park-Camping Lindau am See"**

  Der bezaubernde Bodensee, der ebenfalls das „Schwäbische Meer" genannt wird, befindet sich an der Grenze zur Schweiz und Österreich. Viele Camper suchen jedes Jahr diese Region auf, um hier Ihren Urlaub zu verbringen. Ein Erholungs- oder auch Aktivurlaub, der Ihnen in positiver Erinnerung bleiben wird, ist hier garantiert. Sie können am Ufer des Bodensees flanieren oder eine Schifffahrt genießen. Ihnen sind hier keine Grenzen gesetzt. Wenn Sie am Bodensee Urlaub machen, sollten Sie in jedem Fall mit dem Schiff auf die Blumeninsel Mainau fahren. Hier können Sie die einzigartige Vielfalt und Farbenpracht verschiedenster Blumen bewundern und dies zu jeder Jahreszeit.

Sauerland

- **„Campingplatz Möhnesee"**

  Dieser Campingplatz sorgt für Erholung für Körper und Seele. Der Möhnesee, ebenfalls „Westfälisches

Meer“ genannt, besticht durch beeindruckende Landschaften, schöne Wanderwege und die Möhnetalsperre. Der See lädt nicht nur zu Spaziergängen am Ufer ein, sondern auch zu Wassersportaktivitäten. Dieser Campingplatz bietet für alle Sonnenanbeter noch eine Liegewiese und einen Spielplatz.

- **„Campingplatz Lippstädter Seenplatte“**
  Bei diesem Campingplatz finden Sie sowohl Badeseen als auch eine Gastronomie sowie eine wunderschöne Seeterrasse vor. Radfahrer kommen hier ebenfalls auf ihre Kosten und können tolle Touren erleben.

Mecklenburg-Vorpommern

- **„Camping- und Wohnmobilpark Kamerun Neumann/Thomä GbR“ & „Camping- und Ferienpark Havelberge-Haveltourist“**
  Das Bundesland Mecklenburg-Vorpommern wird das „Land der tausend Seen“ genannt. Diese Region besticht mit so vielen Seen, dass eine Vielzahl der Campingplätze an Seen liegt. Freizeitaktivitäten mit der Familie, zu zweit oder allein finden sich hier genügend. Zum Beispiel können Sie Wassersport betreiben und abwechslungsreiche Wanderungen und Spaziergänge durch die Landschaften unternehmen. Beide Campingplätze sind einen

Urlaub wert.

DIE SCHÖNSTEN CAMPING-REISEZIELE IM AUSLAND

Holland

- **„Camping Roompot Camping Dishoek“**

  Dieser Campingplatz ist der ideale Ort für Urlaube mit der Familie. Auf der einen Seite haben Sie hier die Möglichkeit, die Städte Vlissingen und Middelburg in 15 Minuten zu erreichen, und auf der anderen Seite locken traumhafte Naturschutzgebiete, Wanderwege und das Meer. Hier kommt jeder Campingbegeisterte auf seine Kosten.

- **„Camping Zeeburg Amsterdam“**

  Dieser Campingplatz besticht vor allem durch seine ausgezeichnete Lage. Sie können in nur 15 Minuten die holländische Metropole Amsterdam erreichen. Der Platz liegt auf einer grünen Insel und lässt für Naturliebhaber keine Wünsche offen. Für die entsprechende Versorgung ist übrigens gesorgt: Eine Bar, ein Supermarkt sowie ein Restaurant befinden sich auf diesem Platz.

Frankreich

- **„Camping Bonporteau – Cavalaire“**

  Die atemberaubende Landschaft Frankreichs ist nicht umsonst ein beliebtes Reiseziel für

Campingurlauber. Dieser Campingplatz hat eine beschauliche Größe von hundert Stellplätzen. Schattenspendende Eukalyptusbäume, ein Pool und eine Badebucht in 200 Metern Entfernung sind nur einige besondere Vorteile dieses Campingplatzes. Der berühmte Touristenort St. Tropez liegt nur 20 Kilometer von diesem Platz entfernt.

- **“Camping de la Côte d’Argent“**

  Auf diesem Campingplatz befindet sich ein wunderschöner Kiefernwald. Gerade für Kinder bietet dieser Platz ein wirkliches Abenteuererlebnis. Ein Wasserpark mit Rutschen sorgt für Spaß bei Groß und Klein. Die faszinierende Natur und ein Strand, der sich in nur 300 Metern Entfernung befindet, sorgen für pures Urlaubsfeeling.

Schweden

- **„Camping Swecamp Kronocamping“**

  Schweden hat für Camper sehr viel zu bieten: atemberaubende Küsten, die unberührte Natur Skandinaviens und das Nachtleben in den Städten. Dieser Campingplatz bietet Ihnen nicht nur den Flair Schwedens, sondern auch einen Wellnessbereich, eine Minigolfanlage und ein Restaurant.

Hier können Sie die Seele baumeln lassen und Ihren Urlaub in vollen Zügen genießen.

Ihre Kinder werden diesen aufregenden Campingplatz nicht mehr missen wollen. Erkunden Sie als Ausflugsziel das schöne Fischerdorf Spikens.

- **„Campingplatz Arctic Camp Jokkmokk"**

  Besonders in der Hauptsaison ist dieser Platz bei Campern sehr beliebt. Eine beheizte Poolanlage mit Rutschen sorgt nicht nur bei Kindern für Spaß. Die ruhige Landschaft lädt zum Angeln ein und hier können Sie vom hektischen Alltag entspannen. Ein idyllischer See rundet den perfekten Urlaub ab.

Hack 74 – Die Natur erkunden in der Nebensaison!

Erkunden Sie diese wunderschöne Natur am besten in der Nebensaison. Hier finden Sie die skandinavische Ruhe und die Schönheit dieses Landes.

Kroatien

- **„Camp Zagreb"**

  Wer die Kultur Kroatiens liebt, kommt auf diesem Campingplatz voll auf seine Kosten. Einheimische Weine, Holzkohleöfen oder auch ein leckerer Holundersaft stehen auf diesem Platz auf der Tagesordnung. Pferdefreunde finden hier die Möglichkeit, an geführten Reittouren bis nach Zagreb oder um den Rakitje-See teilzunehmen.

Fahrradtouren lassen sich von hier aus ebenfalls wunderbar planen.

- **„Camping Čikat"**

  Dieser traumhaft gelegene Campingplatz besticht durch seine paradiesische Atmosphäre. Meer und ein Wasserpark sind hier ebenso vertreten wie ein wunderschöner Strandweg zur nächsten Hafenstadt Mali Lošinj. Hier können Sie eine Vielzahl verschiedener Restaurants besuchen und es sich kulinarisch gutgehen lassen.

Italien

- **„Camping Gardenia"**

  Dieser am Comer See gelegene Campingplatz bietet nicht nur für die seelische Erholung einiges: Radtouren, Wanderungen oder ein Bad im Comer See sind nur einige der Freizeitaktivitäten, die Sie hier erleben können. Dieser familiengeführte Campingplatz legt besonderen Wert auf saubere Sanitäranlagen. Auf der wunderschönen Seeterrasse können Sie sich ein Frühstück gönnen oder einen leckeren Drink genießen.

- **„Campingplatz Waikiki"**

  Dieser in der Nähe von Venedig gelegene Campingplatz liegt direkt am Meer. Sandstrand, Rutschbahnen und ein Lagunenpool sind hier vorhanden und sorgen für Freizeitspaß. Für Kinder gibt es ebenfalls einen Spielplatz. Ein abendlicher Spaziergang in das nächste Fischerdorf Cortellazzo lohnt sich sehr!

Österreich

- **„Campingplatz Seewiese OG"**
  Die beeindruckende Kulisse Österreichs lockt immer wieder Touristen zum Campen. Hier am Tristacher See in den Tiroler Alpen befinden sich wunderschöne Wiesen, ein Wald und die Idylle der Natur. Fahrradtouren bis in die Berge Italiens können Sie von hier aus wunderbar beginnen. Für den Ausklang eines lauen Sommerabends sorgt ein kühles Getränk im Biergarten direkt am See.
- **„Grubhof Camping"**
  Dieser Campingplatz eignet sich sowohl im Sommer für unvergessliche Urlaube als auch fürs Wintercamping. Dieses wunderschöne Fleckchen Erde im Salzburger Land bietet einen tollen Panoramablick über die Landschaft. Der Grubhof besticht nicht nur durch seine ausgesprochen schöne Lage, sondern auch durch die vorhandene Wellness-Alm. Die Sanitäranlagen sind modern ausgestattet und selbst XXL-Stellplätze sind hier verfügbar. Für den Gaumen ist im Wirtshaus ebenfalls bestens gesorgt.

Schweiz

- **„Camping des Glaciers"**

Auf 1.600 Metern Höhe liegt dieser einzigartige Platz inmitten einer Bergkulisse. Am Fuße eines Gletschers können Sie sich in den Morgenstunden vom Plätschern des Gletscherwassers wecken lassen. Dies ist der ideale Ausgangspunkt für Wanderungen oder Klettertouren. Dieser Campingplatz bietet zudem die Möglichkeit, sich den Stellplatz selbst auszusuchen, und verfügt über eine Kletterwand.

- **„Camping Hüttenberg"**

  Dieser Platz liegt in der Nähe der Grenze zu Deutschland am Bodensee. Für die Kleinen sind im Sommer nicht nur der Sandkasten, der Minigolfplatz und das Trampolin ein echtes Highlight, sondern auch das Freibad, das für die nötige Abkühlung sorgt.

Dänemark

- **„Charlottenlund Fort Camping"**

  Wer einmal Dänemark kennenlernen möchte, muss Kopenhagen gesehen haben. Dieser Campingplatz bietet Ihnen die besten Voraussetzungen für Städtetouren. Ebenfalls kommen Sie hier auf Ihre Kosten, wenn Sie ein echter Naturliebhaber sind. Sie befinden sich direkt am Öresund, das heißt auf der einen Seite befindet sich das Meer und auf der anderen Seite ein Wald. Der Campingplatz verfügt zusätzlich noch über einen weiteren Vorteil, nämlich ein Restaurant.

- **„Nørre Lyngvig Camping“**

Dänemark ist bekannt für die fantastische Natur und Dünenlandschaft. Dieser Campingplatz befindet sich inmitten einer solchen Landschaft. Ruhe und Erholung werden hier großgeschrieben. Sie haben genügend Freiraum, denn es befinden sich weit und breit keine genauen Abgrenzungen zu anderen Camping-Parzellen. Bei schlechtem Wetter können Sie ein paar gemütliche Runden in der Schwimmhalle ziehen.

Wintertouren

Viele Menschen gehen davon aus, dass Campen nur im Sommer möglich ist. Der Campingurlaub im Winter bietet jedoch eine Vielzahl an Vorteilen, weswegen es sich lohnt, diese näher zu betrachten.

Zum einen finden Sie gerade im Winter oft günstige Preise. Die Sommermonate sind überbucht und viele Campingplätze haben großen Andrang, demzufolge sind die Preise teurer. Viele Campingplätze liegen außerdem direkt an einer Skipiste, dies ist besonders dann von Vorteil, wenn Sie selbst gern auf Skiern unterwegs sind. So können Sie schnell und einfach in die nächste Seilbahn steigen und Ihrem Wintervergnügen steht nichts mehr im Wege.

Haben Sie jetzt Lust bekommen, im Winter mit

Ihrem Wohnmobil zu verreisen, dann finden Sie nun einige hilfreiche Tipps, auf die Sie unbedingt achten sollten.

DAS RICHTIGE WOHNMOBIL WÄHLEN

Für den Winterurlaub sind am besten vollintegrierte Wohnmobile geeignet. Durch Ihre spezielle Bauweise schützen Sie vor Kälte. Im Gegensatz dazu haben Kastenwägen oder teilintegrierte Wohnmobile einen hohen Wärmeverlust, gerade im Fahrerhaus.

Hack 75 – Das Wohnmobil winterfest machen!

Achten Sie vor allem beim Anmieten oder Kaufens eines Wohnmobils im Winter auf die Norm EN 1646-1, um sicherzustellen, dass das Fahrzeug winterfest ist. Prüfen Sie daher genau, welches Wohnmobil Sie mieten bzw. kaufen. Ihr Fahrzeug sollte sich bei einer Temperatur von -15 °C innerhalb von zwei Stunden auf +20 °C aufheizen können. Ganz entscheidend ist hierbei ebenfalls, dass die Wasseranlage intakt ist. Wintertaugliche Wohnmobile sind nicht gleich winterfest, sondern sogar oft nicht für kältere Gebiete geeignet. Bei ihnen fehlt meist die tatsächliche Überprüfung der Aufheizbarkeit bei Temperaturen unter 0 °C und der Wasseranlage.

WINTERURLAUB MIT DEM WOHNMOBIL – SO KÖNNEN SIE IHR FAHRZEUG WINTERFEST MACHEN

Damit Sie unbesorgt in den Winterurlaub starten können, sollten Sie einiges beachten.

Frostschutz

Die Flüssigkeiten in Ihrem Fahrzeug müssen durch Frostschutz vor Minustemperaturen geschützt werden.

Hack 76 – Frostschutzmittel nicht vergessen!

Achten Sie darauf, dass Sie ausreichend Frostschutzmittel verwenden. Das Motoröl sollte ebenfalls für den Winter tauglich sein. Hier empfiehlt sich das Wechseln zur entsprechenden Viskositätsklasse von SAE-5W40, beispielsweise.

Reifen

Die richtige Winterbereifung ist unerlässlich für Ihr Wohnmobil. Gerade das hohe Gewicht kann leicht dazu führen, dass das Fahrzeug im Schnee einsinkt.

Hack 77 – Schneeketten mitnehmen!

Sie sollten für Ihren Winterurlaub unbedingt Schneeketten mitführen. Probieren Sie hier am besten schon vor der Reise aus, wie diese anzulegen sind.

Winterausrüstung

Es gibt ein paar Ausrüstungsgegenstände, die Sie in jedem Fall im Winter dabeihaben sollten. Unter anderem Eiskratzer, Schaufel ebenso wie Arbeitshandschuhe sind hier essenziell wichtig. Auch Thermomatten sind äußerst sinnvoll, um selbst die kleinsten Lücken noch zu schließen und somit die Wärme im Innenraum zu bewahren.

Hack 78 – Holz mitnehmen!

Nehmen Sie für den Winterurlaub ein paar Holzbretter mit. Legen Sie diese unter die Reifen Ihres Fahrzeugs, so können Sie verhindern, dass dieses im Schnee einsinkt.

Abwassertank

Im Winter ist besonders der Abwassertank gefährdet einzufrieren.

Hack 79 - Beheizbarer Abwassertank!

Achten Sie bei Ihrem Wohnmobil darauf, dass der Abwassertank beheizbar ist. Als alternative Lösung können Sie sonst den Ablasshahn geöffnet lassen. Das Schmutzwasser muss dann in einem separaten Gefäß aufgefangen werden.

Gas

Lassen Sie im Winter die Fahrzeugheizung permanent auf niedriger Stufe laufen.

Hack 80 – Gasflaschen befüllen!

Die Gasflaschen sollten mit Propan- und nicht mit Butangas gefüllt sein, denn Butangas ist bei einer Temperatur unter 4 °C nicht mehr in der Lage zu verdampfen. Führen Sie zusätzlich eine Ersatzflasche mit.

REGELN BEIM WINTERCAMPEN

Sobald Sie den Campingplatz befahren haben, sollten Sie darauf achten, dass Ihr zugewiesener Stellplatz von Schnee und Eis befreit ist. Ansonsten kann es passieren, dass bei Tauwetter das Wohnmobil umkippt. Lösen Sie, sobald Ihr Wohnmobil steht, die Handbremse, damit diese nicht einfrieren kann.

Hack 81 – Richtig heizen!

Heizen Sie das Wohnmobil zuerst richtig auf und verlegen danach die Stromkabel. Achten Sie darauf, dass diese am Boden nicht festfrieren können. Verwenden Sie als Nächstes warmes Wasser für den Boiler.

Hack 82 – Regelmäßig lüften!

Das regelmäßige Lüften des Wohnmobils ist im Winter von besonderer Bedeutung. Durch nasse Kleidung und durch die Atemluft der Insassen entsteht häufiger Kondenswasser als im Sommer. Lüften Sie regelmäßig, damit dadurch keine Schimmelbildung und Feuchtigkeit entstehen kann.

Hack 83 – Wohnmobil von der Schneelast befreien!

Befreien Sie Ihr Wohnmobil bei Schneelast immer sofort davon. Warten Sie nicht, denn ansonsten kann die Last auf Dauer zu schwer werden oder ein eventuelles Vorzelt kann einstürzen. Halten Sie im Winter außerdem alle Belüftungs- und Abgasöffnungen frei, ansonsten kann es zu einer erhöhten Erstickungsgefahr kommen.

Dämmerung

Versuchen Sie besonders im Winter, dass Sie noch bei Tageslicht den nächsten Campingplatz anfahren. Es könnten sonst verschiedene Gefahren lauern, wie Eisplatten oder ein schneebedeckter Stellplatz, und gerade auf schneebedeckter Fahrbahn fährt es sich deutlich leichter mit Schneeketten und bei Tageslicht.

Kosteneffizientes Campen

Es gibt einige nützliche Aspekte, die Sie beachten können, um in Ihrem Campingurlaub Geld zu sparen.

Sparen Sie Benzin!

Benzinkosten können ein sehr großer Faktor in Bezug auf Ausgaben beim Campingurlaub sein. Sie können hier allerdings mit ein paar Kniffen bares Geld sparen.

- Wohnmobile, die aus leichten Materialien gebaut wurden, und kleinere Campingfahrzeuge verbrauchen weniger Benzin als große. Doch selbst dann, wenn Sie ein großes Wohnmobil besitzen, können Sie Geld sparen: Achten Sie darauf, dass Sie möglichst wenig Gepäck und Proviant mitnehmen. Je mehr Gewicht Sie an Board haben, desto mehr Benzin verbrauchen Sie auch.

- Auf der Autobahn gilt: Je aerodynamischer Ihr Wohnmobil gebaut ist, desto besser lässt sich Benzin sparen. Gerade Aufbauten wie Fahrradträger oder Dachaufbauten können wahre Benzinfresser werden.
- Viele Urlauber versuchen, durch das Umfahren von Autobahnen Maut zu sparen. Hierbei sollte allerdings stets bedacht werden, ob die Routen dann tatsächlich kürzer oder genauso lang sind, sonst können dadurch zusätzliche Kosten entstehen.
- Sie können sich eine App herunterladen, um zu sehen, wie hoch die Benzinpreise gerade sind. Dadurch lässt sich bares Geld sparen, wenn Sie mit Bedacht tanken.
- Der Fahrstil ist ebenfalls ein sehr entscheidender Aspekt beim Spritsparen. Achten Sie auf Ihre Geschwindigkeit, denn je schneller Sie fahren, desto höher ist Ihr Benzinverbrauch.
- Falls Sie einen Tempomaten in Ihrem Wohnmobil besitzen, können Sie diesen verwenden, um durch eine konstante Fahrweise Benzin zu sparen.

Weitere Spartipps für das Campen

- Überprüfen Sie auf mehreren Buchungsportalen die jeweiligen Campingplätze und vergleichen Sie die Preise.
- Buchen Sie Ihren Campingplatz bereits mehrere Monate oder Wochen vor Ihrem Urlaub. Oft können Sie dadurch im Voraus Schnäppchen machen.
- Erkundigen Sie sich über eine Mitgliedschaft für den Campingplatz. Damit können Sie oftmals Ermäßigungen erhalten.
- Falls Sie keine hohen Ansprüche an Komfort stellen, finden sich in den unteren Preisklassen ebenfalls gute Campingplätze.

Camping mit Kindern

Damit der Campingurlaub mit Kindern zu einem Erfolg wird, sollten Sie einige Dinge berücksichtigen.

Vorbereitung

- Sorgen Sie für die entsprechenden Kindersitze für Ihre Kinder.
- Achten Sie darauf, dass Sie ausreichend und abwechslungsreichen Proviant mitnehmen. Kinder werden schnell quengelig, wenn Sie zu einseitige Menüs erhalten.
- Legen Sie genügend Pausen während der Fahrt ein und planen diese schon vorab.

Genügend Erholungsphasen

- Kinder brauchen meistens ein wenig länger, um die vielen Eindrücke beim Campingurlaub zu verarbeiten. Sorgen Sie deshalb dafür, dass der Urlaub für Ihre Kleinsten möglichst entspannt wird. Gerade bei Kleinkindern gilt: Pro Tag sollten nicht mehr als 200 Kilometer zurückgelegt werden. Ihr Kind soll während des Urlaubs entspannt sein und sich erholen können.
- Kinder brauchen eine Atmosphäre, in der sie sich wohlfühlen. Schaffen Sie diese während Ihres Campingurlaubs, indem das Kind bekannte Gegenstände und seine Kuscheltiere dabeihat. Ihr Kind sollte sich wie zu Hause fühlen und ebenso einen eigenen Schlafplatz haben.

Entspannte Zeit während der Fahrt

- Kinder wollen beschäftigt werden und das besonders während langweiligen Autofahrten. Sorgen Sie daher zum Beispiel mit klassischen Spielen wie „Schwarzer Peter" oder „Ich sehe was, was du nicht siehst" für ausreichend Abwechslung.
- Ihre Kinder können während der Fahrt beginnen, die Urlaubsfotos zu sortieren. So haben Sie nicht nur die Kinder beschäftigt, sondern die Kleinsten verarbeiten zugleich die Eindrücke der Urlaubszeit.

- Legen Sie Hörspiele oder Musik ein.
- Versuchen Sie, Ihrem Kind eine gute Sicht auf die Straße zu ermöglichen. So können sie während der Fahrt auch etwas von der Landschaft sehen.

Haustiere – Camping mit dem Hund

Das erste Entscheidende, wenn Sie mit Ihrem Vierbeiner verreisen möchten, ist, dass Sie sich über die Einreisebestimmungen in anderen Ländern informieren.

Wichtige Dokumente und Ausstattungen:

- Mikrochip, dieser ist im Ausland Pflicht
- EU-Heimtierausweis und entsprechende Einreisedokumente
- Prüfen Sie, ob Ihr Vierbeiner alle nötigen Impfungen besitzt.
- Tollwutimpfung: Es sollten zwischen Grenzübertritt und Impfung nicht weniger als drei

Wochen liegen.

- Sie sollten ebenfalls eine Reiseapotheke für Ihren Vierbeiner dabeihaben, falls dieser krank wird.
- Zusätzliche Hundemarke, auf der die Adresse während des Urlaubs, eine Handynummer und der Reisezeitraum eingetragen sind
- Es gibt Reiseländer, in denen benötigt Ihr Hund einen Maulkorb.
- Dokumente (beziehungsweise die Kopien) über eine Haftpflichtversicherung für Ihren Vierbeiner inklusive Versicherungsnummer
- Ausgedruckte Reservierungsbestätigung über den Aufenthalt auf dem Campingplatz mit Ihrem Hund

Befassen Sie sich rechtzeitig mit allen nötigen Dokumenten – und vor allem den Impfungen –, denn die Beantragung kann bis zu vier Wochen dauern.

Ausreichend gesichert

Für die Autofahrt sollten Sie darauf achten, dass Ihr Hund ausreichend gesichert ist. Ansonsten kann dies im Falle eines Unfalls zu schwerwiegenden Folgen für Sie und Ihr Tier führen.

Es gibt dafür zwei verschiedene Varianten:

- Transportbox: Der Hund befindet sich während der Fahrt in einer Box. Darin hat er nicht viel Freiraum.
- Sicherheitsgeschirr: Ihr Hund hat mehr Freiraum

und fühlt sich nicht eingeengt.

Prüfen Sie, ob Ihr gemietetes oder gekauftes Wohnmobil über entsprechende Möglichkeiten zur Sicherung Ihres Vierbeiners verfügt. Ansonsten können Sie das Mobil nachrüsten.

Die Auswahl des Campingplatzes

Gerade für das Reisen mit dem Hund sollten Sie sich vorab über geeignete Campingplätze informieren. Prüfen Sie genau, auf welchen Plätzen Hunde erlaubt sind und wie hundefreundlich diese sind. Es gibt für Vierbeiner eine Vielzahl an Campingplätzen, die genügend Auslaufmöglichkeiten, Hundespielplätze, Badestellen für Hunde und sogar Wälder und Wiesen zu bieten haben. Wählen Sie deshalb den nächsten Campingplatz mit Bedacht aus.

Welche Reiseutensilien sollten Sie auf die Reise mit dem Hund mitnehmen?

- Halsband, Leine und Hundegeschirr
- Eventuell Maulkorb
- Transportbox oder Sicherheitsgeschirr für die Fahrt
- Lieblingskuscheltier, Körbchen und Lieblingsdecke
- Decken oder Laken für die Wohnmobilsitze
- Lieblingsspielzeug
- Leckerlis, Kauknochen

- Handtücher: Diese können Sie unter die Näpfe legen und Ihren Vierbeiner damit abtrocknen.
- Flaschen mit Wasser für unterwegs
- Hundefutter, Dosenöffner, Näpfe
- Beutel für den Kot Ihres Vierbeiners
- Eventuell Hundeschuhe für Wanderungen
- Reiseapotheke: Zeckenschutz, Wundsalbe, Verbandsmaterial, Pinzette, eventuell weitere Medikamente
- Telefonnummer des Tierarztes, falls Ihr Vierbeiner krank wird

Hack 84 – Reiseapotheke für den Hund!

Es gibt bereits fertig zusammengestellte Reiseapotheken für Ihren Vierbeiner. Diese können Sie im Tierfachhandel kaufen.

Fahrradtouren im Campingurlaub

Der Campingurlaub ist besonders in Deutschland sehr beliebt und für viele Camper darf das Fahrrad während des Urlaubs nicht fehlen.

So transportieren Sie Ihr Fahrrad am besten

Je nachdem, welches Wohnmobil Sie haben, gibt es verschiedene Möglichkeiten für den Transport.

- Ihr Wohnmobil verfügt über eine große Heckgarage: Darin können Sie das Fahrrad verstauen.
- Sie verwenden einen Fahrradträger. Achten Sie darauf, dass Sie diesen korrekt am Wohnmobil

befestigen.

Das Fahrrad sicher abstellen

Während der Nacht ist es oftmals weniger schön, das Fahrrad im Innenraum zu haben. Sie können, falls Sie einen Fahrradständer verwenden, das Fahrrad daran befestigen und mit einem Schloss sichern. Alternativ gibt es die Möglichkeit, dass Sie in der Nähe Ihres Wohnmobils etwas finden, an dem Sie Ihr Rad anbringen und sichern können.

Wohnmobil und Radtour

Falls Sie eine längere Fahrradtour machen möchten und dabei Ihr Wohnmobil auf dem Campingplatz stehen bleiben soll, können Sie dies problemlos tun. Berücksichtigen Sie dabei ein paar grundlegende Punkte während Ihrer Radtour.

- Achten Sie darauf, genügend Flüssigkeit dabei zu haben. Zwei bis drei Flaschen Wasser sollten es mindestens sein.
- Tragen Sie immer einen Helm.
- Entscheiden Sie sich für die richtige Kleidung.

Hack 85 – Die richtige Bekleidung für Fahrradtouren!

Auf Radtouren kann es schnell unangenehm werden, wenn die Kleidung durchgeschwitzt ist. Verwenden Sie deswegen atmungsaktive und bequeme Kleidung, die Sie schnell von Hand auswaschen können.

- Greifen Sie zu geschlossenen Schuhen während Ihrer Tour.
- Achten Sie auf ausreichend Sonnenschutz.
- Vergessen Sie auch auf kurzen Touren ein kleines Erste-Hilfe-Set mit Medikamenten nicht.
- Führen Sie Sie immer ein Reparaturset für Ihr Fahrrad bei sich.
- Gehen Sie nicht ohne ein Fahrradschloss auf Tour.

Weitere Kriterien

Sie können bei Ihrem ausgewählten Campingplatz darauf achten, dass dieser die folgenden Kriterien erfüllt:

- Fahrradraum
- Fahrradverleih, E-Bike-Verleih
- Angebotene Tagestouren mit dem Rad
- Lunchpakete für die Tour
- Keine zusätzlichen Gebühren für die Mitnahme von Fahrrädern

Versicherungen und Weiteres

VERSICHERUNGSOPTIONEN

Prüfen sie vor Ihrer Urlaubsreise, welche Versicherungen Sie benötigen und welche Leistungen abgedeckt sind. Teilkaskoversicherungen sind genau wie beim Auto für Naturgewalten wie Hagel, Unwetter, Sturm oder Blitzschlag zuständig. Weitere Zusatzleistungen, wie zum Beispiel ein Marderbiss, sind je nach Versicherung im Tarif inbegriffen. Prüfen Sie Ihre Police, damit Sie im Schadensfall keine böse Überraschung erleben.

Hack 86 – Versicherungscheck!

Sie können prüfen, ob Ihre Hausratversicherung für Schäden an der Einrichtung im Fahrzeug aufkommen würde. Dies ist manchmal im Tarif inbegriffen, allerdings in den meisten Fällen nur bei normalen PKW.

Reisegepäckversicherung

Hierbei geht es um die Versicherung Ihres Gepäcks. Diese Versicherung ist für Camper meistens nicht geeignet. Es geht oftmals allein um die Beförderung von Gepäck, und sobald Sie sich dann auf dem Campingplatz befinden, ist diese Versicherung hinfällig.

Kaskoversicherung fürs Wohnmobil

Eine weitere Versicherung, die unter Campern beliebt ist, ist die sogenannte Camping-Kaskoversicherung, auch Campingversicherung genannt. Dabei gilt es allerdings zu beachten, dass diese nur für Personen geeignet ist, die dauerhaft campen und somit Ihre Wertsachen immer in ihrem Wohnmobil aufbewahren. Für normale Urlaubsreisen ist diese Versicherung nicht geeignet.

Inhaltsversicherung

Diese Versicherung deckt den Schaden am Inventar, also den losen Gegenständen im Fahrzeug ab. In der Regel sind mit dieser Versicherung Schäden durch Zerstörung, Beschädigung, Verlust, Brand und Explosion abgedeckt. Diebstahl, Einbruch sowie Schäden durch Raub, Sturm, Blitzschlag, Überschwemmung und Hagel werden ebenfalls oft von dieser Versicherung übernommen.

Man sollte jedoch wissen, dass Wertgegenstände, Bargeld und Schmuck von dieser Versicherung ausgenommen sind. Kommt es bei ihnen zu einem Schaden, ist dieser nicht versichert. Ebenfalls sollten sie bei Gegenständen, wie zum Beispiel Ihrer Gartengarnitur, darauf achten, dass sie nur innerhalb Ihres Wohnmobils versichert sind. Sobald sich die Gegenstände im Vorzelt befinden, sind sie nicht versichert.

Hack 87 – Leistungen der Inhaltsversicherung!
Prüfen Sie genau, was bei Ihrer Versicherungsgesellschaft im Vertrag inbegriffen ist, denn auch hier gibt es Unterschiede. In vielen Fällen lohnt sich ebenfalls ein unverbindlicher Online-Versicherungsvergleich.

SONSTIGES

Schadstoffplakette / Umweltplakette

Immer mehr Städte führen Umweltzonen ein. Informieren Sie sich vorher darüber, ob Sie mit Ihrem Wohnmobil in die jeweilige Zone fahren dürfen.

Falls Sie Ihr Fahrzeug als Oldtimer eingestuft haben, das heißt dieses älter als 30 Jahre ist, dürfen Sie in die Umweltzonen fahren und nebenbei sparen Sie noch Steuern.

Maut

In der Regel müssen auf den meisten Autobahnen und Schnellstraßen Europas Gebühren gezahlt werden. Bei der Abgabe und der Höhe der Maut geht jedes Land unterschiedlich vor.

Einige Länder verlangen Vignetten und in anderen finden Sie Mautstationen.

Hack 88 – Mautbestimmungen prüfen!

Bevor Sie Ihre Urlaubsreise antreten, sollten Sie prüfen, wie die Mautbestimmungen des jeweiligen Landes sind. Benötigen Sie eine elektronische Vignette, eine Vignette zum Aufkleben oder gibt es Mautstationen? Die entsprechenden Vignettenpreise können je nach Gewicht Ihres Wohnmobils schwanken.

Notfalltipps

TECHNISCHE PROBLEME – STROMAUSFALL

Die Verbrauchsbatterie (Bordbatterie) sollte regelmäßig geladen werden. Im Normalfall funktioniert dies während der Fahrt durch die Lichtmaschine oder einen Netzanschluss. Falls die Batterie trotzdem streikt, kann dies am Alter liegen oder an einer defekten Sicherung.

Hack 89 – Batteriecheck!

Sie können versuchen, die Batterie erst am Netz vorzuladen, bevor Sie den Motor starten. Je nach Art der Batterie kann es verschiedene Ladegeräte für so einen solchen Ladezustand geben. Prüfen Sie noch vor Ihrer Reise, ob die Batterie vollkommen intakt ist.

WEITERE PROBLEME, DIE AUFTRETEN KÖNNEN

Sie haben das falsche Wohnmobil gemietet

Gerade dann, wenn Sie ein Neuling in Bezug auf Campingurlaube sind, kann es schnell vorkommen, dass Sie die Größe Ihres Fahrzeugs unterschätzen. Dies ist für gewöhnlich keine Katastrophe und beim nächsten Urlaub werden Sie bestimmt die richtige Größe wählen. Es kann oft hilfreich sein, sich die Wohnmobile vor Ort anzusehen, bevor Sie diese mieten. So können Sie sich noch ein besseres Bild von den Maßen und dem vorhandenen Platz machen.

Hack 90 – Welches Fahrzeug ist das richtige für mich?

Achten Sie bereits vor der Reise darauf, dass Sie das richtige Wohnmobil mieten. Prüfen Sie ebenfalls, was Sie alles mitnehmen möchten und wohin die Reise gehen soll. Das sind entscheidende Fragen, die Ihnen weiterhelfen, wenn es um das Auswählen des passenden Urlaubsgefährts geht.

Als Faustregel gilt: Es sollte immer noch ein zusätzlicher Schlafplatz vorhanden sein. Bei vier Mitfahrern wären dies also fünf Schlafplätze.

Der Campingplatz entspricht nicht Ihren Bedürfnissen

Vielleicht haben Sie bei der Platzwahl etwas übersehen und jetzt im Urlaub kommt das böse Erwachen? Es kann leicht passieren, dass ein Campingplatz gebucht wird, der doch nicht den eigenen Anforderungen entspricht. Prüfen Sie deshalb vorab die Gegebenheiten genau. Möchten Sie eher einen ruhigen Urlaub verbringen oder auch viel Animationsprogramm und Aktivitäten? Dies sind nur zwei wichtige Kriterien, die Sie sich vorher fragen sollten.

Hack 91 – Campingplatz-Leistungscheck!

Prüfen Sie vor der Buchung gründlich, was Sie auf dem Campingplatz erwarten könnte. Dabei können zum Beispiel entsprechende Rezensionen hilfreich sein, die Webseite des Campingplatzes oder auch Google Earth: Damit können Sie die Gegend sehen, in der der Platz liegt.

NOTFALLPLAN – MEDIZINISCHE PROBLEME

Da Sie sich auf Ihre Auszeit und Ihren Urlaub gefreut haben, ist es umso ärgerlicher, wenn medizinische Probleme auftreten. Selbst kleine Wehwehchen können die entspannte Atmosphäre zunichtemachen. Gerade dann, wenn die Kinder krank werden, ist das weder für die Eltern noch für den Nachwuchs eine erholsame Zeit. Der Urlaub ist eigentlich die Zeit im Jahr, in der neue Kraft geschöpft und in der die Zeit mit der Familie ausgiebig genossen wird.

Hack 92 – Reiseapotheke mit an Bord!

Denken Sie daran, die nötige Reiseapotheke dabeizuhaben. Speziell in anderen Ländern kann es mit einer schnellen Versorgung mit Medikamenten schwierig sein. Das wird noch dadurch erschwert, dass Sie oftmals auf der Straße unterwegs sind oder auf abgelegenen Campingplätzen.

Hack 93 – Haltbarkeit der mitgeführten Arzneimittel checken!

Prüfen Sie vor Reisebeginn gründlich Ihre Reiseapotheke auf die Haltbarkeit der Medikamente. Denn einige Arzneimittel können an Haltbarkeit verloren haben. Sortieren Sie also abgelaufene Medikamente aus und ersetzen diese durch neue.

Hack 94 – Krankenversicherungsleistungen checken!

Informieren Sie sich außerdem darüber, ob der Abschluss einer Reisekrankenversicherung sinnvoll wäre oder ob Ihre Krankenversicherung greift.

Hack 95 – Kinderarztbesuch vor dem Campingurlaub!

Ihre Kinder benötigen oftmals noch andere Arzneimittel als Sie. Informieren Sie sich also vor Reisebeginn beim Kinderarzt, was Sie noch mitnehmen sollten. Ihr Kinderarzt kann Ihnen dazu ein paar Tipps geben und bei Bedarf noch Medikamente verschreiben.

Hack 96 – Medikamente richtig aufbewahren!

Die korrekte Aufbewahrung Ihrer Medikamente ist unerlässlich. Gerade dann, wenn es in einer Situation hektisch wird und Sie dringend Ihre Arzneimittel oder Verbandsmaterialen benötigen, sollten Sie wissen, wo Sie diese aufbewahren. Wählen Sie für alle medizinischen Utensilien denselben Aufbewahrungsort aus, so ist garantiert, dass alles schnell griffbereit ist.

Typische Anfängerfehler

Losfahren ohne Vorbereitung

Wenn es um die Urlaubsreise geht, neigen viele dazu, ohne eine gründliche Vorbereitung aufzubrechen. Prüfen Sie vor jeder Abfahrt, ob alle Flüssigkeiten aufgefüllt sind, ob der Reifendruck stimmt und wie es um den Wassertank bestellt ist. Die Bordbatterie und die Gasflaschen sollten Sie vor der Abfahrt ebenfalls überprüfen.

Das Umherlaufen während der Fahrt

Viele denken, dass Sie während der Fahrt im Wohnmobil umherlaufen können. Alle Insassen müssen jedoch während der Fahrt angeschnallt sein. Dies gilt ebenso für Erwachsene wie für Kinder und auch für Hunde.

Frischwassertank

Nur Campinganfänger befüllen den Frischwassertank vollständig. Es wird empfohlen, diesen vor der Fahrt nur bis maximal zur Hälfte zu befüllen. Denn je mehr Gewicht Ihr Fahrzeug tragen muss, desto mehr Verschleiß und Benzinkosten entstehen.

Hack 97 – Frischwassertank auffüllen!

Viele Campingplätze und Tankstellen bieten die Möglichkeit, den Frischwassertank aufzufüllen. Nutzen Sie hierfür jede Gelegenheit, die sich Ihnen bietet.

Hack 98 – Wassertank nicht überfüllen!

Füllen Sie den Tank nur so voll, dass die Grundversorgung gesichert ist. Als Faustregel gilt: Pro Person zwischen fünf und zehn Liter.

Hack 99 – Wasserreserve mitführen!

Sie können, falls Sie dies benötigen, eine Wasserreserve von zehn Litern während der Fahrt mitführen.

Falsche Beladung

Um eine falsche Beladung Ihres Fahrzeugs zu verhindern, ist es wichtig, dass Sie das Leergewicht kennen und damit auch das Gesamtgewicht. Beachten Sie ebenfalls, wie Sie in Ihrem Wohnmobil richtig packen.

Hack 100 – Packliste erstellen!

Erstellen Sie sich eine Packliste. So können Sie genau planen, was Sie mitnehmen und wo Sie alles verstauen können. Die leichten Sachen sollten nach oben und die schweren nach unten.

Hack 101 – Das Wohnmobil richtig beladen!

Wenn Sie Ihre Habseligkeiten ins Wohnmobil einräumen, achten Sie am besten darauf, dass Sie alles logisch verstauen: Das heißt, Sie sollten immer wissen, wo Sie etwas wiederfinden können.

Die Ladung entsprechend sichern

Denken Sie daran, dass Sie sich nicht in einem stehenden Haus befinden. Beispielsweise das Geschirr kann in einer scharfen Kurve aus den Schränken fallen, wenn es nicht entsprechend gesichert ist. Es gibt spezielle Ordnungssysteme, die Ihnen dabei helfen können, Ihre Ladung entsprechend zu sichern.

Hack 102 – Ladung richtig gesichert?

Prüfen Sie vor der Fahrt, ob die Ladung ordentlich gesichert ist. Achten Sie zusätzlich darauf, dass Fenster und Luken geschlossen und verriegelt sind, sonst können diese während der Fahrt aufgehen.

Passen Sie Ihre Fahrweise an

Sie sollten, falls Sie bisher noch keine lange Strecke mit Ihrem Wohnmobil gefahren sind, dies vorher üben. Ihr PKW unterscheidet sich in vielerlei Hinsicht, zum Beispiel in Bezug auf das Fahrgefühl, von Ihrem neuen Gefährt. Achten Sie deshalb im Besonderen auf Geschwindigkeiten und überschätzen Sie sich nicht.

Hack 103 – Fahrsicherheitstraining!

Üben Sie das Fahren des Wohnmobils bereits vor Ihrer Reise auf einem leerstehenden Parkplatz oder bei einem Fahrsicherheitstraining. Das Steuern eines Reisemobils verlangt Ihnen deutlich mehr Umsicht und Fahrgefühl ab, als dies bei einem PKW der Fall ist.

Genügend Pausen

Sie möchten vermutlich so schnell wie möglich ans Ziel. Bedenken Sie jedoch, dass das lange Fahren mit dem Wohnmobil anstrengend ist. Nicht nur, dass Sie erschöpft sind, sondern auch die erhöhte Unfallgefahr sollten Sie bedenken. Legen Sie deswegen regelmäßig Pausen ein, um sich zu entspannen.

Hack 104 – Das Reiseziel vor Anbruch der Dunkelheit erreichen!

Versuchen Sie, Ihr Ziel noch vor der Dunkelheit zu erreichen. Speziell dann, wenn Sie sich nicht auskennen und noch Ihre Schlafmöglichkeiten aufbauen müssen, kann dies Zeit in Anspruch nehmen. Planen Sie deswegen stets lieber etwas mehr Zeit ein und kommen noch bei Tageslicht am Ziel an.

Die Navigation ist nicht allwissend

Auf Reisen vertrauen viele Menschen allein Ihrem Navigationssystem. Dieses kann einen aber in so manchen Fällen ordentlich verwirren. Für Campingfahrzeuge gibt es mittlerweile spezielle Navis, die die Größe und das Gewicht berücksichtigen und Sie so nicht in kleine und verwinkelte Gassen lotsen, aus denen Sie nicht mehr herauskommen.

Hack 105 – Navigation & Landkarten vom Beifahrer sichten lassen!

Es kann hilfreich sein, wenn der Beifahrer während der Fahrt die Route per Karte mitverfolgt. So können Sie genau sehen, wo Sie sich befinden, und ebenfalls erkennen, falls Sie vom Navi in die Irre geleitet werden. Alternativ können Sie sich an den entsprechenden Schildern orientieren.

Sonnenanbeter

Viele möchten auf dem Campingplatz den schönsten Platz in der Sonne ergattern. Doch dort kann das Wohnmobil schnell zu einer Sauna werden. Entscheiden Sie sich bei der Platzauswahl deshalb für schattige Plätze.

Hack 106 – Schattenplatz wählen!

Falls Sie nicht über eine Klimaanlage an Bord verfügen, wählen Sie gezielt einen Schattenplatz aus. Tagsüber die Rollos herunterzulassen, ist ein unerlässlicher Tipp in den heißen Sommermonaten.

Abwasserentsorgung

Die wohl unangenehmste Aufgabe besteht in der Entsorgung des Abwassers. Leeren Sie besonders häufig das Abwasser aus der Toilette. Ansonsten kann es schnell zu unangenehmen Gerüchen kommen.

Gemeinschaft unter Campern

Camper sind meist sehr gesellig und solidarisch. Auf dem Campingplatz ist es völlig normal, neue Kontakte zu knüpfen. Gehen Sie deshalb freundlich mit anderen Menschen um und zeigen Sie sich solidarisch.

Hack 107 – Benimmregeln auf dem Campingplatz einhalten!

Vergessen Sie auf dem Campingplatz nicht Ihre guten Manieren. Denken Sie außerdem daran, dass die Wohnmobile hellhörig sind. Schließen Sie deshalb nachts oder frühmorgens leise Ihre Türen und schreien Sie nicht herum. Beachten Sie die Ruhezeiten und Campingplatzregeln.

Hack 108 – Ordnungsgemäß die Abfahrt vorbereiten!

Am Abreisetag neigen viele dazu, schnell und überstürzt loszufahren. Dies kann allerdings zu erheblichen Nachlässigkeiten führen. Achten Sie deshalb unter anderem darauf, dass Sie Ihr Geschirr sicher verstauen und den Wohnraum aufräumen. Räumen Sie für diese und weitere Vorbereitungen genug Zeit ein.

Hack 109 – Ausreichend Abreisezeit einplanen!

Obwohl Sie vielleicht gern schnell losfahren würden, sollten Sie noch etwas Zeit einplanen. Gehen Sie nochmals um Ihr Wohnmobil herum und prüfen Sie genau, ob die Stromkabel korrekt getrennt sind und Sie nichts vergessen haben.

Hack 110 – Toiletten-Abwassertank vor der Abfahrt leeren!

Bevor Sie losfahren, sollten Sie in jedem Fall den Abwassertank der Toilette leeren. Sie wissen immerhin meistens nicht, wann Sie wieder eine entsprechende Entsorgungsstation finden.

Wir hoffen sehr, dass Ihnen das Lesen dieses Ratgebers Spaß gemacht hat und Sie den nächsten Campingurlaub nun voller Vorfreude erwarten.

Eines der größten und lästigsten Probleme beim Campen ist vor allem im Sommer der immerwährende Kampf mit den Mücken. Damit Sie sich jedoch auf Ihren Campingsommer freuen können, haben wir hier noch einen letzten Hack für Sie:

Hack 111 – Setzen Sie auf die Kraft des Salbeis!

Salbei hat einen Geruch, der Moskitos überhaupt nicht gefällt. Werfen Sie daher einige Blätter der intensiv riechenden Pflanze in Ihr Lagerfeuer und schon schwirren die lästigen Blutsauger davon. Alternativ können Sie auch eine Duftlampe mitnehmen: Mit einer Kerze und ätherischem Lavendelöl können Sie den lästigen Mücken ebenfalls effektiv den Kampf ansagen. Ein toller Nebeneffekt: Eine Kerzenbeleuchtung auf dem Tisch sorgt an Sommerabenden für ein ganz besonders schönes Feeling.

Im folgenden Kapitel finden Sie noch einige Rezepte speziell fürs Campen, die Sie leicht und schnell nachkochen können.

Wir wünschen Ihnen viel Freude mit Ihrem

Wohnmobil und eine unvergessliche und schöne Campingzeit!

Bonus: Leckere Campingrezepte

HERZHAFTES GULASCH MIT KARTOFFELN

Für 2 Portionen

Zutaten

3 Knoblauchzehen

4 EL Olivenöl

4 EL Paprikapulver

100 g Tomatenmark

500 g festkochende Kartoffeln

150 g geschnittene Wiener Würstchen

2 EL gehackte Petersilie

4 EL Apfelessig

2 Zwiebeln

Etwas Salz, Pfeffer

250 ml saure Sahne

Zubereitung

1. Schälen Sie zuerst die Zwiebeln und den Knoblauch und schneiden Sie sie anschließend klein. Die Kartoffeln als Nächstes ebenfalls schälen und klein schneiden.
2. Dünsten Sie die Zwiebeln und den Knoblauch für 20 Minuten in Olivenöl an.
3. Kochen Sie in der Zwischenzeit die Kartoffeln für 20 bis 30 Minuten mit etwas Salz.

4. Geben Sie das Tomatenmark zu den Zwiebeln hinzu und verrühren alles gründlich. Den Essig und das Paprikapulver hinzugeben. 2 Tassen Wasser in die Pfanne geben und damit ablöschen.
5. Geben Sie als Nächstes die saure Sahne und die Würstchen in die Pfanne und lassen alles kurz erwärmen. Zum Schluss die gehackte Petersilie untermischen. Die Kartoffeln abgießen, in die Pfanne geben und servieren. Würzen Sie nach Ihrem Geschmack noch mit Salz und Pfeffer.

EINFACHER SCHOKOLADENKUCHEN

Für 2 Portionen

Zutaten

300 g Zucker

100 g geraspelte Zartbitterschokolade

300 g Mehl

eine Prise Salz

2 TL Backpulver

2 EL Apfelessig

50 g Backkakao

10 EL Sonnenblumenöl

Zubereitung

1. Geben Sie den Zucker, das Backpulver, das Mehl, das Salz und das Kakaopulver in eine Schüssel.
2. Gießen Sie nun das Öl und den Essig in eine zweite Schüssel. Fügen Sie nach und nach noch 400 ml Wasser hinzu und verrühren alles gründlich.
3. Geben Sie nun die Essig-Öl-Mischung unter das Mehl und vermischen alles miteinander.
4. Den Teig dann in eine gefettete Backform geben und für 3 Minuten bei höchstmöglicher Hitzezufuhr backen. Anschließend 45 bis 50 Minuten auf kleiner Flamme weiter backen.

CREMIGE LAUCHPFANNE (VEGAN)

Für 2 Portionen

Zutaten

1 EL Olivenöl

1 Packung Sojasahne

200 ml Sojamilch

1 EL Mehl

2 Lauchstangen (gewaschen)

Pfeffer

Salz

Zubereitung

1. Schneiden Sie als Erstes den Lauch in Ringe. Erhitzen Sie in einer Pfanne das Öl und dünsten den Lauch darin an.
2. Vermengen Sie in einer Tasse das Mehl mit der Sojamilch und der Sahne und geben diese Mischung zum Lauch hinzu.
3. So lange weiter rühren, bis eine cremige Konsistenz entstanden ist.
4. Schmecken Sie zum Schluss alles mit Pfeffer und Salz ab. Sie können Ihr Gemüse sehr gut mit gekochten Kartoffeln oder Reis genießen.

CHAMPIGNON-PASTA

Für 2 Portionen

Zutaten

120 g Nudeln (Penne)

Petersilie oder getrocknete Kräuter der Provence

1 TL Butter

250 ml Gemüsebrühe

½ Küchenzwiebel

100 ml süße Sahne

200 g Champignons aus der Dose

Pfeffer

Salz

Zubereitung

1. Kochen Sie zunächst einmal die Nudeln nach Packungsanleitung.
2. Schälen Sie dann die Küchenzwiebel und hacken diese klein. Geben Sie die Zwiebel zusammen mit der Butter in einen Topf und dünsten sie kurz an.
3. Putzen und schneiden Sie nun die Champignons und geben Sie sie ebenfalls in den Topf. Alles für 5 Minuten gut dünsten. Anschließend Gemüsebrühe, Nudeln und Sahne hinzugeben und für weitere 10 bis 12 Minuten köcheln lassen. Alles mit Pfeffer und Salz gut würzen sowie die Kräuter hinzugeben.

4. Zum Schluss die Champignon-Penne auf Tellern verteilen und genießen.

NUDELSALAT MIT MEDITERRANEM TOMATENAROMA

Für 2 Portionen

Zutaten

30 g Parmesan

40 g Rucola

Kräuter der Provence

20 g rote Zwiebel (in Ringe geschnitten)

10 Scheiben Kochschinken

Tomaten aus der Dose (gestückelt)

300 g Fusilli

2 EL natives Olivenöl

Saft von 1 Zitrone

Zubereitung

1. Beginnen Sie damit, die Fusilli nach Packungsanleitung zu kochen. Gießen Sie diese anschließend ab und stellen Sie sie zur Seite.
2. Vermengen Sie in der Zwischenzeit das Olivenöl, die Tomaten, die Zwiebel, die Provence-Kräuter und den Zitronensaft miteinander. Heben Sie anschließend die Nudeln darunter.

3. Mischen Sie zum Schluss noch den Kochschinken unter den Nudelsalat und richten alles auf dem Rucola an. Geben Sie als Garnitur noch den Parmesan darüber und servieren den leckeren Nudelsalat.

KRÄUTER-HACKSPIESSE

Für 2 Portionen

Zutaten

1 TL Kurkuma

200 g Schweinehackfleisch

1 EL Koriander

1 mittelgroßes Ei

1 Chilischote

1 Dose ganze Pilzköpfe

1 EL Limettensaft

1 Knoblauchzehe

1 EL natives Olivenöl

Pfeffer, Salz

Zubereitung

1. Den Knoblauch schälen und ebenso wie die Chilischote klein hacken.
2. Vermengen Sie in einer Schüssel das Ei mit dem Schweinehackfleisch, der Kurkuma, dem Koriander, dem Limettensaft, dem Knoblauch, dem Pfeffer, dem Olivenöl und der Chili. Bei Bedarf noch salzen. Formen Sie nun aus der Hackfleischmasse Kugeln.

3. Spießen Sie die Kugeln abwechselnd mit den Pilzköpfen auf Holzspieße und braten Sie sie auf dem Campinggrill an, bis sie gar sind. Anschließend auf Tellern anrichten und mit einem frischen, knackigen Salat nach Belieben servieren.

SCHWEINE-MINUTENSTEAKS MIT GNOCCHI & SPINAT

Für 4 Portionen

Zutaten

450 g Blattspinat (tiefgekühlt)

400 g Gnocchi

50 g Sahne

4 Schweine-Minutensteaks

Pfeffer, Salz

1 EL Butterschmalz oder alternativ Sonnenblumenöl

4 EL geriebener Parmesan

1 EL Zitronensaft

Zubereitung

1. Garen Sie zunächst die Gnocchi 20 Minuten lang in Salzwasser.
2. Den Blattspinat putzen und kurz in Salzwasser blanchieren. Dann mit der Sahne vermischen. Lassen Sie alles bei mittlerer Hitzezufuhr rund 5 Minuten lang köcheln.
3. Waschen Sie anschließend die Minutensteaks ab und würzen Sie sie nach Ihrem Geschmack mit Pfeffer und Salz. Zerlassen Sie dann das Butterschmalz in der Pfanne und braten Sie die Steaks darin beidseitig scharf an.

4. Tropfen Sie nun die Gnocchi ab und wenden Sie diese im Rahmspinat. Verteilen Sie alles auf Tellern und streuen Sie anschließend den Parmesan darüber.
5. Beträufeln Sie die Minutensteaks mit dem Zitronensaft und servieren Sie sie zu den Gnocchi.

LINSEN-TOMATEN-EINTOPF

Für 4 Portionen

Zutaten

2 gelbe Paprikaschoten

1 Küchenzwiebel

100 g Debreziner

520 g Linsen (aus der Dose)

1 EL Butter

400 ml Gemüsebrühe

1 Schachtel passierte Tomaten

1 Dose stückige Tomaten

Italienische Kräuter

Pfeffer und Salz

1 TL Zucker

2 EL Essig

Zubereitung

1. Waschen und schneiden Sie die Paprikaschoten in grobe Stücke. Die Zwiebel schälen und ganz fein würfeln.
2. Schneiden Sie nun die Debreziner in Scheiben. Gießen Sie die Linsen ab und brausen Sie sie mit kaltem Wasser ordentlich ab.

3. Erhitzen Sie dann in einer Pfanne die Butter und dünsten Sie darin die Zwiebel glasig an. Gießen Sie die passierten Tomaten sowie die stückigen Tomaten hinzu und lassen Sie alles kurz aufkochen. Geben Sie dann noch die Gemüsebrühe hinein.
4. Fügen Sie nach rund 10 Minuten die Linsen, die Paprikastückchen und die Debreziner hinzu und lassen Sie alles noch ungefähr 15 Minuten zugedeckt bei mittlerer Hitzezufuhr köcheln.
5. Würzen Sie zum Schluss den deftigen Eintopf mit Pfeffer, Salz, Kräutern, Essig sowie dem Zucker.

SOMMERLICHER SALAT MIT SENF-VINAIGRETTE

Für 4 Portionen

Zutaten

1 Kopfsalat

1 mittelgroße Salatgurke

4 EL Essig

2 TL Senf (süß)

1 Bund Radieschen

6 EL kaltgepresstes Olivenöl

2 Frühlingszwiebeln

Pfeffer, Salz

Zubereitung

1. Putzen Sie den Salat und waschen Sie ihn. Zupfen Sie die Blätter dann in mundgerechte Stücke.
2. Waschen Sie die Radieschen und schneiden Sie sie in Scheiben. Schälen Sie anschließend die Gurke, halbieren Sie sie der Länge nach und hobeln Sie sie. Die Frühlingszwiebeln waschen und in ganz feine Ringe schneiden.
3. Verrühren Sie das Olivenöl mit dem Pfeffer, dem Essig, dem Salz und dem Senf zu einer Vinaigrette. Mischen Sie zum Schluss noch die Salatzutaten unter.

KÄSESPÄTZLE-PFANNE

Für 4 Portionen

Zutaten

2 Bund frische Frühlingszwiebeln

300 g bunte Tomaten (orange, rot und gelb)

500 g vorgegarte Spätzle aus dem Kühlregal

100 g fein gewürfelter Rohschinken aus dem Kühlregal

Pfeffer

Meersalz

150 g geriebener Emmentaler

2 EL Butter

Zubereitung

1. Putzen und waschen Sie zunächst die Frühlingszwiebeln. Schneiden Sie die weißen Teile in feine Ringe und die grünen Teile in rund 2 bis 3 Zentimeter breite Stücke.
2. Waschen Sie dann die Tomaten und entfernen Sie jeweils den Stielansatz. Sie können die Tomaten halbieren oder vierteln.
3. Erhitzen Sie nun die Butter in einer großen Pfanne, geben Sie die Spätzle hinein und braten Sie diese rund 5 Minuten bei mittlerer Hitzezufuhr an. Hin und wieder wenden.

4. Mischen Sie dann die Schinkenwürfel, die Tomaten und die Frühlingszwiebeln unter und braten Sie alles für weitere zwei bis drei Minuten.
5. Zum Schluss noch pfeffern, salzen und den geriebenen Emmentaler darüberstreuen. Lassen Sie die Spätzlepfanne zugedeckt noch drei bis vier Minuten lang ziehen, damit der Käse schmelzen kann.

PFANNKUCHEN – FÜR SÜSSE CAMPINGGERICHTE

Für 8 Portionen

Zutaten

200 g Mehl

2 EL Zucker

Salz

3 mittelgroße Eier

500 ml Vollmilch (3,5 % Fett)

8 TL Sonnenblumenöl

Zubereitung

1. Vermischen Sie das Mehl mit einer Prise Salz. Rühren Sie die Eier mit dem Zucker und der Vollmilch glatt und lassen Sie den Teig 30 Minuten lang quellen.
2. Bestreichen Sie nun eine beschichtete Pfanne mit Öl. Füllen Sie jeweils eine Schöpfkelle Teig hinein und schwenken Sie die Pfanne gleichmäßig. Backen Sie so schrittweise Pfannkuchen aus. Mit einem Pfannenwender können Sie die Pfannkuchen umdrehen und von beiden Seiten zwei bis drei Minuten goldbraun ausbacken.

1. Auflage

Kontakt: Marvin Janzen, Müritzstr. 56, 51371 Leverkusen DE

Covergestaltung: Marie-Katharina Wölk (www.Wolkenart.com)

Printed in Poland
by Amazon Fulfillment
Poland Sp. z o.o., Wrocław

65896651R00116